L'AMÉNAGEMENT DES COMBLES

Jean-Michel GRUSSY et Patrick SCHLERET

Architectes D.P.L.G.

Photographies :
photos SAEP / Alain THIÉBAUT et Cédric JOUBERT

Dessins :
Benoît ROTH

Coordination de la collection :
Alain THIÉBAUT

ÉDITIONS **S.A.E.P.** 68040 INGERSHEIM

SOMMAIRE

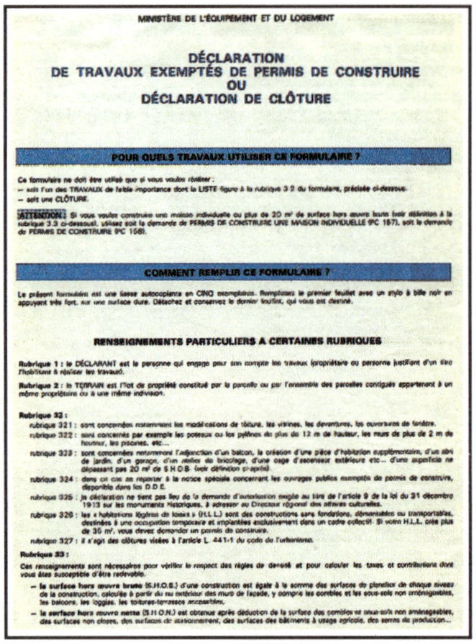

MINISTÈRE DE L'ÉQUIPEMENT ET DU LOGEMENT

DÉCLARATION
DE TRAVAUX EXEMPTÉS DE PERMIS DE CONSTRUIRE
OU
DÉCLARATION DE CLÔTURE

POUR QUELS TRAVAUX UTILISER CE FORMULAIRE ?

Ce formulaire ne doit être utilisé que si vous voulez réaliser :
– soit l'un des TRAVAUX de faible importance dont la LISTE figure à la rubrique 3.2 du formulaire, précisée ci-dessous.
– soit une CLÔTURE.

ATTENTION : Si vous voulez construire une maison individuelle ou plus de 20 m² de surface hors œuvre brute (voir définition à la rubrique 3.3 ci-dessous), utilisez soit la demande de PERMIS DE CONSTRUIRE UNE MAISON INDIVIDUELLE (PC 157), soit la demande de PERMIS DE CONSTRUIRE (PC 156).

COMMENT REMPLIR CE FORMULAIRE ?

Le présent formulaire est une liasse autocopiante en CINQ exemplaires. Remplissez le premier feuillet avec un stylo à bille noir en appuyant très fort, sur une surface dure. Détachez et conservez le dernier feuillet, qui vous est destiné.

RENSEIGNEMENTS PARTICULIERS A CERTAINES RUBRIQUES

Rubrique 1 : le DÉCLARANT est la personne qui engage pour son compte les travaux (propriétaire ou personne justifiant d'un titre l'habilitant à réaliser les travaux).

Rubrique 2 : le TERRAIN est l'îlot de propriété constitué par la parcelle ou par l'ensemble des parcelles contiguës appartenant à un même propriétaire ou à une même indivision.

Rubrique 32 :
rubrique 321 : sont concernées notamment les modifications de toiture, les vitrines, les devantures, les ouvertures de fenêtre.
rubrique 322 : sont concernés par exemple les poteaux ou les pylônes de plus de 12 m de hauteur, les murs de plus de 2 m de hauteur, les piscines, etc...
rubrique 323 : sont concernées notamment l'adjonction d'un balcon, la création d'une pièce d'habitation supplémentaire, d'un abri de jardin, d'un garage, d'un atelier de bricolage, d'une cage d'ascenseur extérieure etc... d'une superficie ne dépassant pas 20 m² de S.H.O.B. (voir définition ci-après).
rubrique 324 : dans ce cas se reporter à la notice spéciale concernant les ouvrages publics exemptés de permis de construire, disponible dans les D.D.E.
rubrique 325 : la déclaration ne tient pas lieu de la demande d'autorisation exigée au titre de l'article 9 de la loi du 31 décembre 1913 sur les monuments historiques, à adresser au Directeur régional des affaires culturelles.
rubrique 326 : les « habitations légères de loisirs » (H.L.L.) sont des constructions sans fondations, démontables ou transportables, destinées à une occupation temporaire et implantées exclusivement dans un cadre collectif. Si votre H.L.L. crée plus de 35 m², vous devez demander un permis de construire.
rubrique 327 : il s'agit des clôtures visées à l'article L. 441-1 du code de l'urbanisme.

Rubrique 33 :
Ces renseignements sont nécessaires pour vérifier le respect des règles de densité et pour calculer les taxes et contributions dont vous êtes susceptible d'être redevable.
– **la surface hors œuvre brute** (S.H.O.B.) d'une construction est égale à la somme des surfaces de plancher de chaque niveau de la construction, calculée à partir du nu extérieur des murs de façade, y compris les combles et les sous-sols non aménageables, les balcons, les loggias, les toitures-terrasses accessibles.
– **la surface hors œuvre nette** (S.H.O.N.) est obtenue après déduction de la surface des combles et sous-sols non aménageables, des surfaces non closes, des surfaces de stationnement, des surfaces des bâtiments à usage agricole, des serres de production...

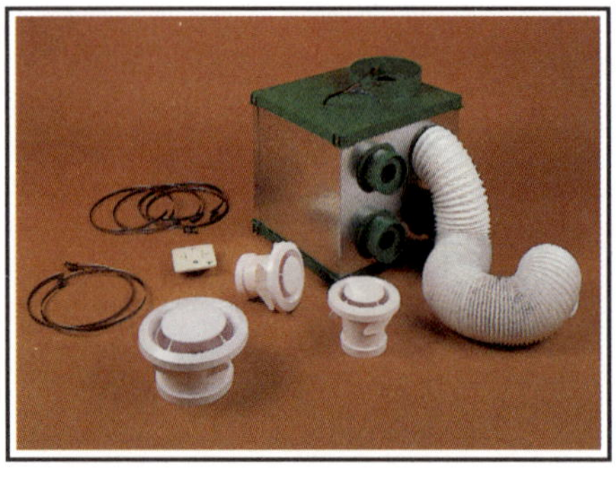

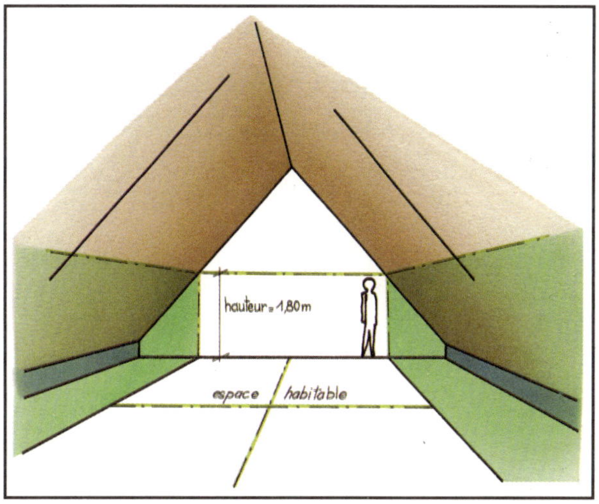
hauteur = 1,80 m
espace habitable

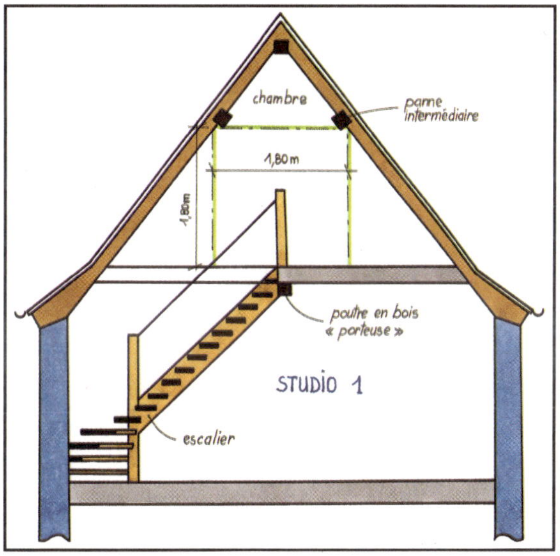
chambre
panne intermédiaire
1,80 m
1,80 m
poutre en bois « porteuse »
STUDIO 1
escalier

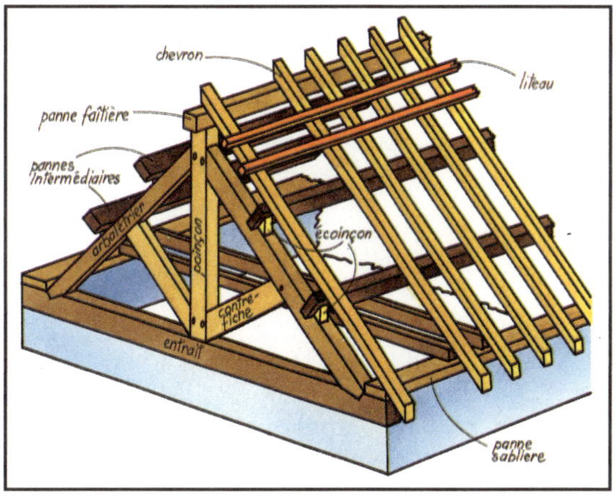
chevron
liteau
panne faîtière
pannes intermédiaires
arbalétrier
poinçon
écoinçon
contre-fiche
entrait
panne sablière

AVANT-PROPOS

De la cave au grenier, toutes les pièces de la maison ont leur propre intérêt. Les ***combles*** *n'en manquent pas !*

Souvent utilisés comme rangement, ce sont des espaces de grande dimension dont la situation peut devenir le lieu idéal pour rajouter une pièce, une chambre, une salle de jeu, voire un ou plusieurs appartements complets !

Mais la réussite de l'aménagement dépend avant tout d'une bonne étude, car les difficultés ne manquent pas : les rampants, les conduits de cheminée, la structure de la charpente, l'accès, sans oublier la lumière trop insuffisante.

Tant de contraintes auxquelles il faut faire face avec beaucoup de logique et souvent de bon sens.

Peut-être faut-il ouvrir le toit et rajouter une structure, peut-être faut-il construire un second plancher... Toutes ces solutions sont à envisager et surtout à adapter. C'est là le maître mot de l'aménagement : l'adaptation.

Les combles sont un espace à part entière, il faut garder leur spécificité !

LA LÉGISLATION

L'aménagement des combles n'est pas exempt de démarches administratrives, bien évidemment. Tout dépend de l'ampleur des travaux à effectuer.

AMÉNAGEMENT SANS INTERVENTION EXTÉRIEURE

Lorsque l'aménagement des combles n'entraîne pas de transformation extérieure (ouverture, agrandissement...), aucune démarche administrative n'est nécessaire.

CRÉATION D'UNE OU DE PLUSIEURS FENÊTRES DE TOIT BASCULANTES (À ROTATION)

La pose d'une ou de plusieurs fenêtres de toit basculantes nécessite l'ouverture du toit. C'est une modification des façades.

Dans ce cas, il faut faire une demande de **permis de construire** concernant la modification des façades. Il s'agit d'une **demande de travaux extérieurs**.

CRÉATION DE LUCARNES OU DE CHIENS-ASSIS

Cette modification du toit change les façades.

Dans ce cas, il faut également faire une demande de **permis de construire**.

Il ne faut pas oublier que certaines demandes sont soumises à une autorisation des architectes des **bâtiments de France**. Il faut alors se renseigner sur ce qu'on a le droit de faire et comment. Cette autorisation ne concerne que l'aspect extérieur du bâtiment !

TRAVAUX DE MOINS DE 20 M²

Les travaux concernant une **surface hors œuvre brut — SHOB** — inférieure à 20 m^2 ne sont pas soumis à une demande de permis de construire, mais à une déclaration de travaux, et sont exemptés de permis de construire.

Ce type de travaux de faible importance concernent entre autres :

— les modifications de toiture,
— les ouvertures de fenêtres,
— l'adjonction d'un balcon,
— la création d'une pièce d'habitation supplémentaire,
— la création d'un ascenseur extérieur,
— ...

TRAVAUX DE PLUS DE 20 M²

Le travaux de plus de 20 m^2 de SHOB sont soumis à une **demande de permis de construire**.

LES SUBVENTIONS

Si l'aménagement envisagé des combles est fait dans le cadre d'une location future, il y a possibilité d'obtenir une subvention **ANAH** (Agence Nationale pour l'Amélioration de l'Habitat).

Cette subvention peut aller d'1 à 20 %.

Dans ce cas, il faut se renseigner avant de commencer les travaux.

LES MATÉRIAUX

Que les travaux envisagés soient effectués par une entreprise ou par le propriétaire lui-même, il convient de choisir les matériaux avec intelligence et logique.

En ce qui concerne les parois (verticales, horizontales, inclinées ou cintrées), ce choix est tributaire de leur destination (mur, plancher, habillage...), de leur poids, de leur mise en œuvre, de leur prix...

AVANTAGES ET INCONVÉNIENTS

QUELS MATÉRIAUX POUR QUELLES FONCTIONS ?

Le choix est très grand :

— **les carreaux de plâtre** ;
— **la paroi composite** ;
— **le bois et les panneaux d'agglomérés mélaminés** ;
— **les lambris** ;
— **les faux plafonds fixes** ;
— **les faux plafonds démontables** ;
— **le P.V.C. tendu...**

Les conseils d'un spécialiste peuvent s'avérer nécessaires, surtout lorsqu'il s'agit d'ajouter une structure porteuse.

LES CARREAUX DE PLÂTRE

Ils sont constitués de plâtre plein, ils existent en plusieurs épaisseurs (4 à 10 cm) et s'assemblent les uns dans les autres (par rainures et languettes) avec un joint cimenté.

Avantages :

— la mise en œuvre est facile ;
— la cloison est prête à décorer !
— la découpe est facile ;
— la paroi est « pleine » ;
— ils existent en plusieurs épaisseurs : 4 cm, 10 cm...

Inconvénients :

— le poids de la paroi réalisée doit être supporté par une structure suffisante ;
— on ne peut pas dépasser une hauteur d'étage ;
— le travail est un travail à la fois de maçon et de plâtrier.

LA PAROI COMPOSITE

C'est **une structure « légère »** formée de **deux plaques de plâtre d'1 cm** d'épaisseur et séparées par **un isolant**. Ce système est **rigidifié par une structure en métal** contre laquelle sont fixées les plaques de plâtre.

Avantages :

- la mise en œuvre est très facile et rapide ;
- le poids de la paroi est faible ;
- les panneaux de plâtre peuvent être doublés et donner une paroi plus solide ;
- l'isolation phonique est de bonne qualité ;
- la taille des panneaux est conséquente (2,60 m x 1,20 m) ;
- le passage des câbles dans la cloison est très aisé ;
- la paroi peut facilement être démontée ;
- le travail est très « propre ».

Inconvénients :

- la paroi composite ne peut pas être porteuse ;
- la découpe des panneaux demande de bien placer la structure interne.

↓ Exemple de cloison de séparation en cours de pose, montée sur une ossature métallique.

1. *Fixer les rails à l'endroit voulu (bien faire attention à leur aplomb).*

2. *Une plaque de plâtre, coupée aux bonnes mesures, sera vissée en premier sur les rails.*

Séquence de pose d'une paroi composite sur rails.

3. *Mettre en place les panneaux d'isolant semi-rigides.*

4. *Terminer la cloison en vissant la deuxième plaque de plâtre.*

LE BOIS, LES PANNEAUX D'AGGLOMÉRÉS MÉLAMINÉS, LES PANNEAUX DÉCORATIFS MINCES SUR CONTREPLAQUÉ

Est-il besoin d'exposer les qualités du bois ?

Ce matériau qui peut être **à la fois structure et décoration** est bien connu de tout le monde.

L'aspect chaleureux, les différentes essences de bois, le côté « isolant », la possibilité d'avoir les dimensions voulues... autant de qualités qui font de ce matériau un choix privilégié.

Pourtant il faut tout de même faire attention à sa mise en œuvre. C'est un travail de menuiserie qui demande un certain équipement et un savoir-faire indéniable !

Que l'on choisisse un bois brut (dont le prix peut varier considérablement suivant l'essence !) ou un bois aggloméré, le travail doit être précis pour obtenir un bon résultat.

Les panneaux décoratifs : ils existent en divers aspects collés sur contreplaqué (longueur 244 cm, largeur 61 cm, épaisseur 2,8 mm).

LES LAMBRIS

Matériaux de décoration par nature, les lambris sont souvent utilisés pour habiller les rampants ou les cloisons. Fixés sur une petite structure en bois ou directement sur la paroi, les lambris s'emboîtent les uns dans les autres.

Ils existent en plusieurs largeurs et longueurs, et en plusieurs qualités (avec nœuds, sans nœuds...), en teintes nature ou cérusées. Leur mise en œuvre est assez facile, sauf au niveau des angles saillants ou rentrants pour lesquels un soin particulier doit être apporté.

Les lames décoratives

Ce sont **des lames d'aggloméré revêtues de papier verni**. Leur longueur est de 260 cm, leur largeur de 20 cm et leur épaisseur d'1 cm.

Les lames décoratives P.V.C.

Étanches, imputrescibles et antistatiques, elles sont idéales pour revêtir murs et plafonds des pièces d'eau ou des pièces de séjour.

Leur longueur est de 270 cm, leur largeur de 25 cm et leur épaisseur d'1 cm.

→

1. 2. 3. *Les lambris :*
- *ils existent en diverses longueurs, largeurs et épaisseurs,*
- *en différentes essences de bois ; pin des Landes, sapin blanc du Nord, châtaignier, etc.*
- *en différentes qualités ; sans nœud (2), avec petits nœuds (1), noueux...*
- *en différents aspects ; bruts (1), vernis (2) ou colorés (3).*

4. *Les lames décoratives : elles sont constituées par du bois aggloméré revêtu d'un papier verni. Elles sont rainurées sur les quatre chants et sont conçues pour l'habillage des murs et des plafonds (longueur 260 cm, largeur 20 cm, épaisseur 10 mm).*

5. *Les lames P.V.C. : elles sont conçues principalement pour le revêtement des murs et des plafonds des salles d'eau. Elles s'assemblent par emboîtement avec rainures et languettes (longueur 270 cm, largeur 25 cm, épaisseur 10 mm).*

1.
2.
3.
4.
5.

LES FAUX PLAFONDS

Avoir recours à un faux plafond peut s'avérer très intéressant dans l'aménagement des combles.

Masquer un plafond existant, abaisser la hauteur de la pièce, y faire passer des gaines, plusieurs utilités sont possibles.

Les faux plafonds peuvent être fixes ou démontables.

Les faux plafonds fixes :

Ils **s'appuient sur une structure rigide** en bois ou en métal dont le rôle n'est que de supporter le poids du faux plafond.

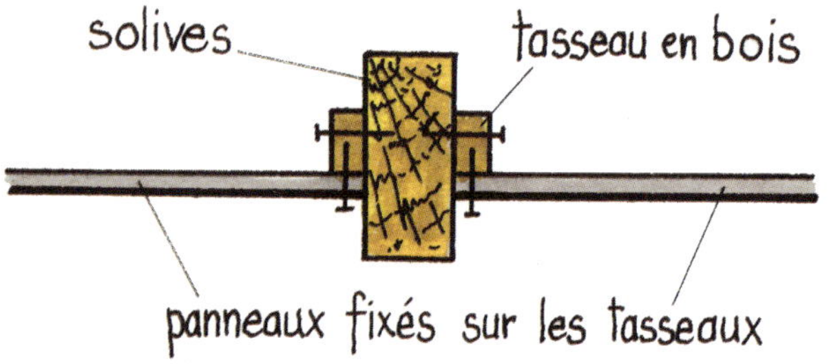

Ces deux systèmes permettent de voir un exemple de faux plafond fixe sur un solivage bois. L'assemblage peut être différent et les vis ou les clous peuvent être masqués par des baguettes de finition.

Les faux plafonds démontables :

Ce système très facile à poser permet d'obtenir le résultat voulu sans pour autant entraîner des travaux conséquents.

Le principe est **d'accrocher** au plafond existant, **une structure en métal très fine**, dans laquelle reposeront des panneaux légers de petites dimensions (généralement 60 x 60 cm ou 60 x 120 cm).

L'avantage est que l'on peut accéder facilement dans le faux plafond et qu'il peut servir à faire passer les réseaux sanitaires, électriques ou autres.

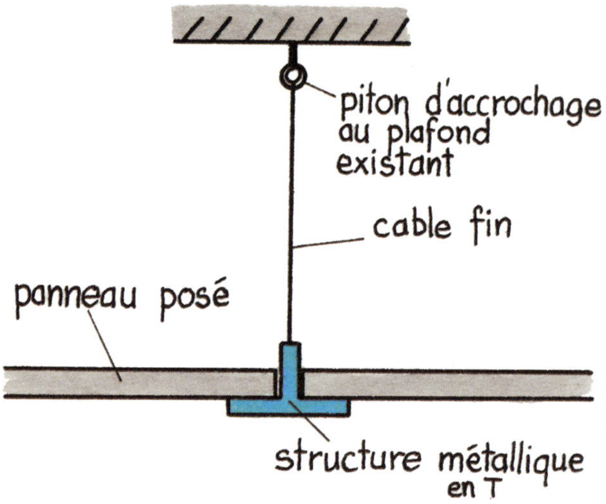

Le P.V.C. tendu :

Ce principe est intéressant par le fait qu'il **s'adapte à toutes les formes de plafond**.

Le P.V.C. tendu donne une surface de couleur (au choix) et peut faire office de « miroir ».

Cette toile en P.V.C. peut avoir l'aspect mat, brillant ou velours.

Séquence de mise en œuvre d'un plafond suspendu

1.

1. Réseau posé de profilés en T.

2. Les profilés en T se coupent aisément à la cisaille.

3. L'accrochage du réseau de profilés se fait par l'intermédiaire d'une tige filetée recourbée. Écrou et contre-écrou permettent un ajustage facile pour le réglage de l'horizontalité des barres.

4. Pose d'une dalle isolante dans le carroyage réalisé avec les profilés.

5. et 6. Traçage et coupe au cutter d'une petite découpe de bord.

2.

3.

5.

4.

6.

LES PAROIS VERTICALES

Il y a peu de restrictions au niveau des matériaux pour les parois verticales :
— **carreaux de plâtre** (4 cm, 7 cm, 10 cm) ;
— **paroi composite** ;
— **béton cellulaire** (5, 10, 15, 20 cm) ;
— **panneaux de bois aggloméré** ;
— **polyplaques ou plaques composites** ;
— **cloisons alvéolaires** ;
— **brique + plâtre** ;
— ...

Le choix du matériau se fait en fonction de l'utilité de la paroi (cloison simple, cloison porteuse, paravent, cloison isolante ou non), de l'aspect final désiré, du prix bien évidemment, et des contraintes de poids à faire supporter au plancher.

Si le plancher des combles ne peut pas supporter de lourdes charges, ce seront les matériaux « légers » qu'il faudra utiliser.

Si les travaux ne doivent pas être trop salissants, il faudra opter pour les matériaux adéquats...

La mise en œuvre est donc également un facteur important. Selon que l'on puisse travailler de façon « sale » ou « propre », on optera plutôt pour des polyplaques ou de la brique, pour des panneaux de bois aggloméré ou des carreaux de plâtre...

Certaines cloisons ou certains remplissages peuvent être réalisés en verre ou en brique de verre, ceci pour avoir une transparence qui, dans certains cas, évite de rajouter trop d'ouvertures dans le toit ou les pignons.

LES CARREAUX DE PLÂTRE

Utilisés pour monter des cloisons, doubler ou isoler des murs, ces carreaux se trouvent en 3 qualités :
— **carreaux simples**,
— **carreaux hydrofuges** pour les pièces humides,
— **carreaux allégés** constitués d'une âme en polystyrène expansé qui leur donne une meilleure résistance thermique.

Les carreaux s'emboîtent les uns dans les autres et sont liaisonnés par une **colle plâtre**. Une fois la cloison montée, il faut terminer les joints proprement avant d'appliquer le revêtement final.

Séquence de mise en œuvre d'une paroi en carreaux de plâtre

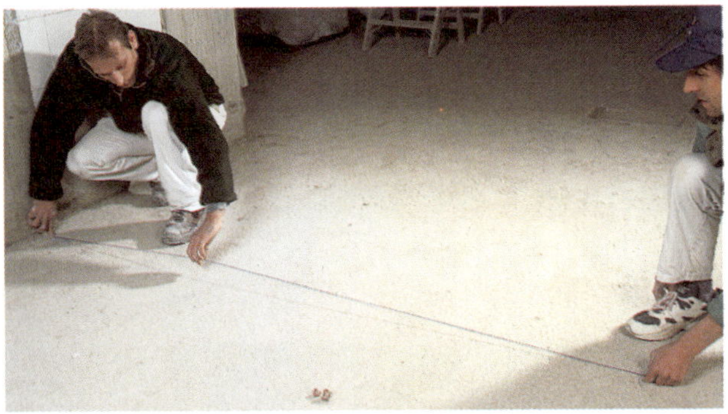
1.

2.

3.

1. *À l'emplacement souhaité, tracer au cordeau à poudre l'alignement de la cloison.*

2. *Tracer un deuxième trait, parallèle au premier, à la distance correspondant à l'épaisseur de la cloison.*

3. *Tracer ainsi tous les emplacements des cloisons.*

4.

←

4. *L'aplomb de la cloison sera donné par deux piges (profilés constitués par deux fers carrés coulissant l'un dans l'autre et montés sur ressorts). Ces piges peuvent être remplacées par des tasseaux en bois de bonne section, parfaitement rectilignes. Ils seront maintenus dans ce cas par des petites cales biseautées.*

→

5. *Les piges seront positionnées de manière parfaitement verticale à l'aide d'un niveau à bulles.*

5.

6.

7.

6. et *7.* Préparation de la colle : elle se fera en saupoudrant dans l'eau la poudre, en respectant le dosage eau-poudre préconisé par le fabricant. Par un brassage énergique, vous obtiendrez une pâte homogène et onctueuse.

9.

9. Petite astuce : solidariser au profilé le carreau de plâtre à l'aide d'un petit serre-joint.

8.

8. Deux techniques de pose des carreaux de plâtre sont possibles :
a) la pose partie rainurée vers le bas et la languette sur le dessus,
b) l'autre méthode consiste à couper à la scie la languette de manière à avoir une base parfaitement plane. Cette deuxième méthode offre l'avantage de donner une plus grande solidité au joint haut lors du liaisonnement cloison-plafond.

→

10. Veiller au parfait alignement des carreaux à l'aide d'une règle de maçon.

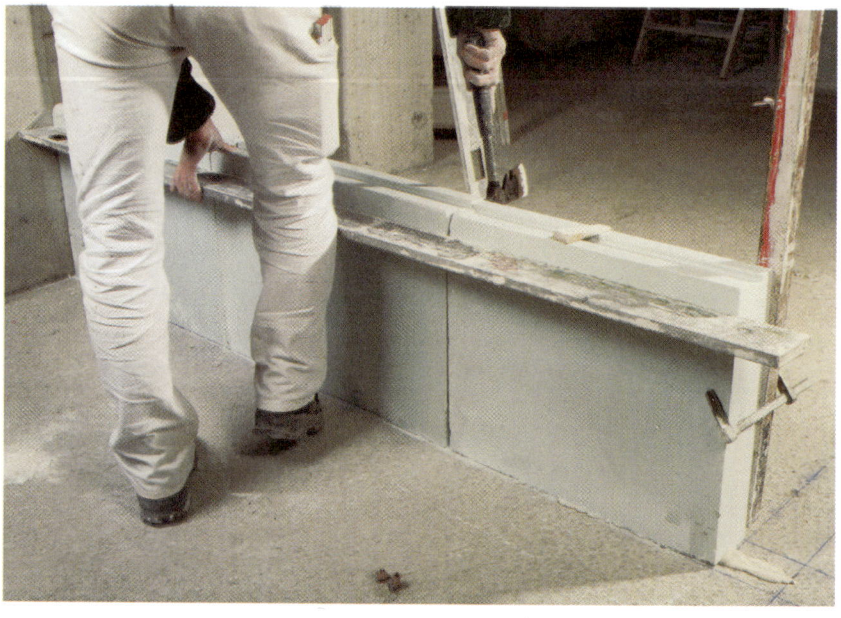

10.

11.

12.

11. et *12.* Le temps de la « prise » de la colle, l'alignement et la verticalité de la paroi seront maintenus par des petites cales biseautées.

13. Déposer une mince couche de colle sur le chant du carreau pour la réalisation de l'angle.

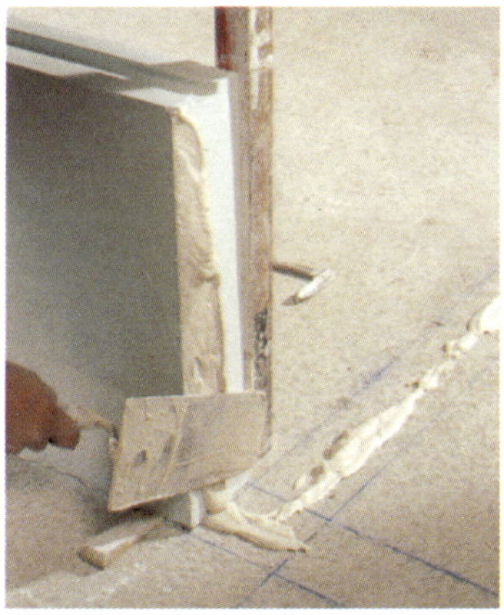
13.

14.

14. Positionner et maintenir à l'aide de serre-joints les carreaux formant l'angle.

15. Encoller dans la rainure la première rangée de carreaux.

16. Il ne faut pas que les joints verticaux soient alignés, pour y pallier, couper un carreau en deux, le positionner et continuer par un carreau entier.

15.

16.

Note

En prévention d'un risque d'inondation (rupture de canalisation, débordement d'un lavabo, etc.), il est conseillé de poser des carreaux hydrofuges pour la rangée basse.

Pour une salle de bains, toute la paroi sera réalisée en carreaux hydrofuges.

17.

17. *Chaque rangée posée, il faudra vérifier l'alignement des carreaux...*

18. *... ainsi que la verticalité de la paroi.*

18.

Le jointoyage.
Utiliser le produit préconisé par le fabricant.

19.

19. *Bien faire pénétrer par plots, la pâte dans les joints.*

20. *et* ***21.*** *Lisser en raclant l'excédent de produit lissant.*

20.

21.

22. 

22. Encollage d'une bande en liège (utiliser le même produit que pour la pose des carreaux).

 23.

23. Mise en place de la bande.

24. 

Note

Pour absorber les dilatations éventuelles et éviter tous fissurages, il est recommandé de poser entre plafond et paroi, une bande de liège d'environ 5 mm d'épaisseur.

24. Le joint entre le plafond et le haut de la paroi sera réalisé avec du plâtre. Il faut bien bourrer des deux côtés de la paroi avec un plâtre « onctueux ». Attention : le temps d'utilisation du plâtre est très court.

 25.

25. Lisser sommairement le bourrage, laisser « tirer le plâtre » sans se soucier du bourrelet excédentaire.

26. 

←

26. 15 à 20 minutes plus tard, le plâtre une fois tiré, gratter l'excédent en suivant avec la lisseuse la face du carreau.

LES PAROIS COMPOSITES

Elles sont composées d'une ossature métallique sur laquelle vient se fixer le parement (voir photos pages 10 et 11, et pages 19 à 22).

Leurs avantages principaux sont la **légèreté** et la **facilité de mise en œuvre**.

Le parement, généralement des plaques de plâtre de 10 à 13 mm d'épaisseur, se fixe par vissage sur le rail métallique.

Il peut être doublé pour obtenir une rigidité supérieure.

LE BÉTON CELLULAIRE

On peut l'utiliser de différentes façons : pour **monter des cloisons** mais aussi **pour façonner des éléments** de cuisine, de salle de bains, des meubles... Il est un élément intéressant à utiliser pour remplir des colombages.

De différentes épaisseurs (5, 10, 15, 20 cm) et de faible poids, on l'assemble avec un **mortier colle** qui permet également de réaliser la finition des joints.

LES PANNEAUX DE BOIS AGGLOMÉRÉS

Les panneaux de bois agglomérés doivent être choisis en fonction de leurs performances et de leur résitance.

On trouve trois labels :

— **CTBS = milieu sec**,

— **CTBH = milieu humide**,

— **ignifugés**.

La mise en œuvre nécessite un outillage adapté et l'assemblage se fait par clouage ou vissage.

Ils existent en qualités de finition variées et en différentes épaisseurs.

LES POLYPLAQUES OU PLAQUES COMPOSITES

Ces plaques sont composées d'un doublage panneau de plâtre collé à un isolant.

Ces plaques ont une mesure standard de 2,50 m x 1,20 m mais sont d'épaisseurs variables suivant isolant utilisé.

Ainsi :

— Plaque de plâtre (épaisseur 10 mm) + polystyrène expansé d'épaisseur 20, 40, 60, 80 ou 100 mm.

— Plaque de plâtre (épaisseur 10 mm) + laine de roche d'épaisseur 30, 50 ou 80 mm.

— Plaque de plâtre (épaisseur 10 mm) + polyuréthane en épaisseur 30, 50, 80 ou 100 mm.

LES CLOISONS ALVÉOLAIRES

Ce sont des cloisons formées par des **plaques alvéolaires** fixées les unes aux autres à l'aide de **pièces métalliques**. Elles sont emboîtées au sol dans un rail mais l'ossature peut être en bois !

Elles existent en deux épaisseurs : 5 ou 7 cm.

Très légères, elles sont aussi **rapidement montées**.

LA BRIQUE + PLÂTRE

Ce produit traditionnel existe en différentes épaisseurs : 3, 5, 10, 15, 20 cm...

Une fois la cloison montée, on recouvre la brique de plâtre puis du revêtement voulu (peinture, papier peint, ...).

Un mur de brique peut être considéré comme **porteur à partir d'une épaisseur de 12,5 cm**, mais il faut tout de même faire vérifier l'épaisseur nécessaire par un spécialiste car elle dépend du poids à supporter !

Séquence de mise en œuvre d'une paroi composite

1. 

 2.

1. À l'emplacement souhaité, tracer au cordeau à poudre l'alignement de la cloison.

2. Tracer un deuxième trait, parallèle au premier, à la distance correspondant à l'épaisseur de la cloison.

3. 

3. Positionner le rail sur l'alignement préalablement tracé.

4. 

←
4. Percer, cheviller et visser pour fixer le rail au sol.

→
5. Tracer maintenant, au niveau à bulle, la position du rail vertical.

 5.

6.

6. Percer, cheviller et visser le montant vertical sur le mur. Fixer à l'aplomb (du rail de sol) le rail sous plafond.

7. Les plaques de plâtre faisant 1,20 m de large (sur 2,50 m de hauteur généralement), positionner à 60 cm du rail mural un autre profilé qui donnera une meilleure rigidité à la future cloison.

8.

8. Vissé dans le rail de sol, s'assurer que ce montant intermédiaire soit parfaitement vertical avant de le fixer au rail sous plafond.

9.

9. Tous les 1,20 m (largeur d'une plaque de plâtre), deux rails verticaux seront positionnés et fixés dos à dos. Leur liaison se fera par de petites vis autoperçantes.

10.

←

10. L'ensemble de la structure métallique mise en place, couper la plaque de plâtre à la bonne hauteur et la positionner.

11.

11. Fixer les plaques sur la structure à l'aide de vis autoperçantes réparties tous les 30 à 40 cm sur le cadre et sur le montant vertical intermédiaire.

12. Détail de la structure métallique mise en place pour l'encadrement de la porte. Veiller à laisser une largeur et une hauteur suffisantes, permettant d'intégrer par après, l'ébrasement d'une porte de dimension standard.

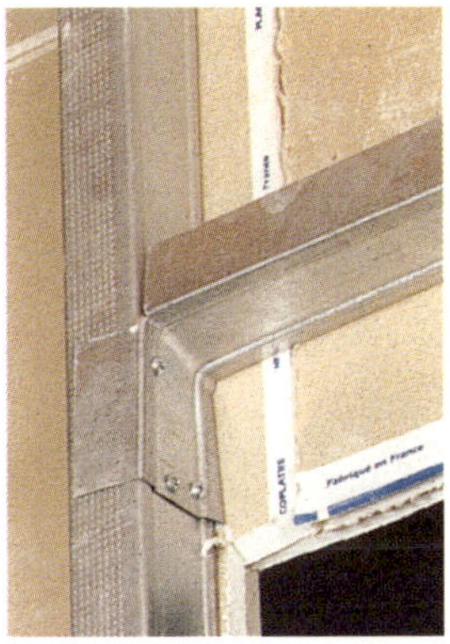

13.

13. Détail d'un des côtés de la traverse supérieure. Les bords latéraux du U métallique sont coupés à la scie à métaux, la base du U est pliée à 90°.

14.

←

14. Mettre en place l'isolant, passer les gaines électriques.

→

15. Tracer sur la plaque la position du milieu du rail vertical intermédiaire, puis visser.

15.

16.

16. Une fois toutes les plaques vissées (recto et verso), il reste à procéder au jointoyage entre deux plaques consécutives et au rebouchage des creux correspondant aux têtes de vis.

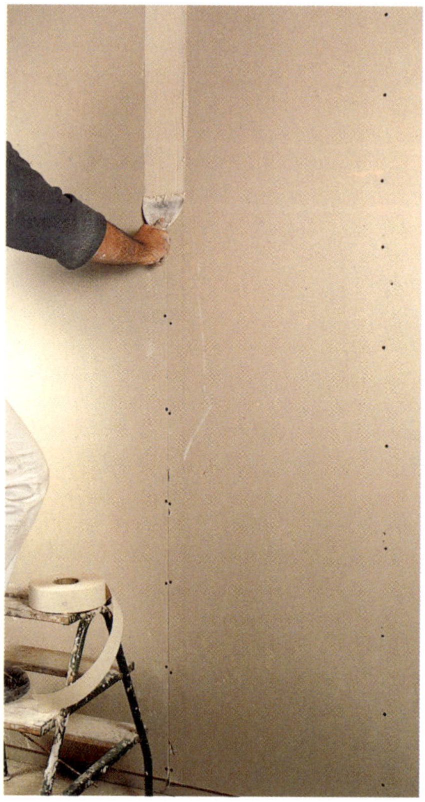

17. Mettre une première couche d'enduit de rebouchage sur le joint.

18.

18. Coller sur l'enduit encore frais une bande à joints.

19.

←
19. Lisser sans exagérer (pour éviter de chasser tout l'enduit) la bande à joints, avec la spatule.

→
20. Recouvrir l'ensemble, à la lisseuse, d'une couche d'enduit.

20.

LES PAROIS HORIZONTALES

Ce sont les dalles, les planchers et les plafonds.

LES DALLES ET LES PLANCHERS

Dans l'aménagement des combles, on peut être amené à créer une dalle ou à en prolonger une. Le problème principal est alors **de porter la nouvelle structure à partir de celle existante**.

Qu'elle soit envisagée en béton (dalle pleine, poutrelles + hourdis, ...), en bois ou en métal, cette phase des travaux doit être **vérifiée et exécutée par un professionnel**.

Il est toutefois possible de faire soi-même certains types de planchers, mais là aussi, il vaut mieux s'assurer les conseils du spécialiste.

LES PLAFONDS

Un plafond ne demande pas forcément une structure importante, surtout si rien ne se trouve au-dessus.

Dans ce cas, une structure du type des parois composites suffit. Sinon, un solivage en bois est facilement installé.

La mise en œuvre nécessite un échafaudage. Cela est plus sûr et plus aisé pour le travail.

La structure existant, ou mise en place, les matériaux de recouvrement sont nombreux :

— les lambris ;
— les plaques de plâtre de 10 ou 13 mm ;
— les panneaux de particules ;
— les faux plafonds ;
— le P.V.C. ;
— le bois simple.

En général, c'est le prix qui est le facteur décisif. Mais il faut savoir que **le matériau utilisé joue un rôle dans la perception de l'espace**.

Un plafond clair n'a pas le même impact qu'un plafond sombre, un plafond lisse et uniforme qu'un plafond texturé et mixte.

Ci-dessous, positionnement et implantation des suspentes pour un support en bois.

Mise en œuvre d'un plafond en plaques de plâtre sur rails métalliques suspendus

Traçage et implantation :

Les suspentes de rails seront positionnées et implantées comme décrit en pages 30 et 31.

Attention

Le bois étant un matériau qui « travaille », donc susceptible de se déformer, on ne fixera jamais des plaques de plâtre directement sur un solivage en bois. Leur fixation se fera par l'intermédiaire de rails suspendus qui absorberont les éventuelles déformations du bois.

Mise en place des rails qui viennent se clipser dans les suspentes.

→ Suspentes métalliques pour charpente en bois. Elles existent en différentes longueurs.

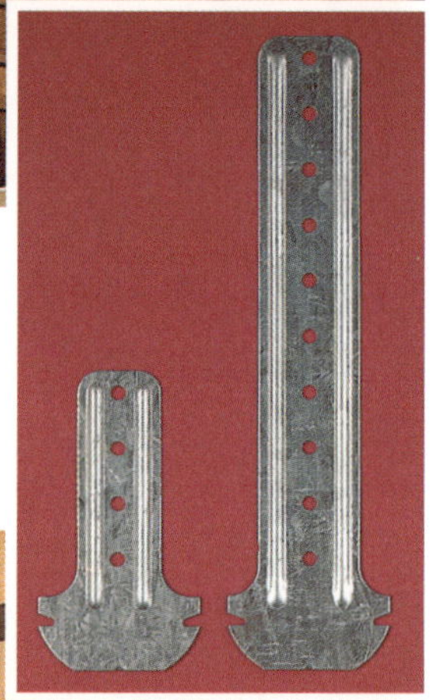

Les plaques de plâtre étant relativement lourdes et grandes, un lève-panneaux facilitera grandement la pose. Ce type de matériel se loue aisément.

Le lève-panneaux est réglable à toutes les hauteurs (jusqu'à 3 m environ) grâce à une manivelle. Tous les réglages d'inclinaison du panneau sont aussi possibles.

Le panneau positionné, il ne reste plus qu'à le visser sur les rails, utiliser pour cela des vis autoperçantes.

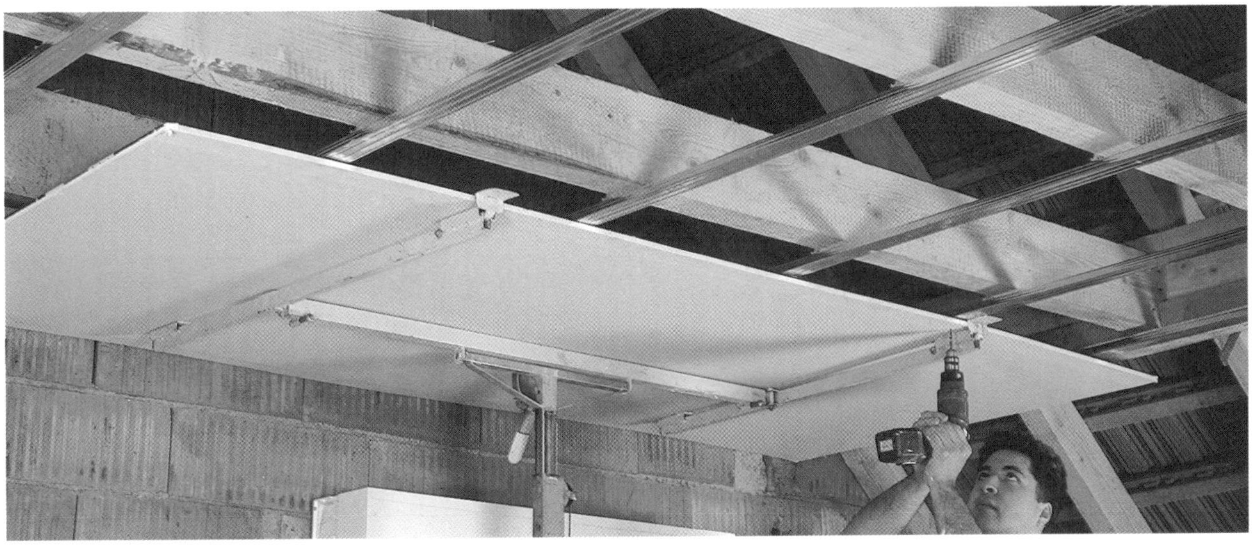

LES PAROIS INCLINÉES

Ce sont les parois le long des rampants.

En général, il ne faut pas **les fixer directement sur les chevrons** de la toiture mais sur une structure en rails métalliques, ce qui permet d'éviter qu'elles bougent si la charpente « travaille » !

Les lambris, les plaques de plâtre, les lames P.V.C., les panneaux d'agglomérés sont autant de matériaux d'habillage qui conviennent bien à ces parois.

Un éclairage bien étudié peut donner un résultat surprenant.

LES PAROIS CINTRÉES

Ce cas est moins répandu, mais l'habillage est le même que pour les parois inclinées :

— les lambris ;
— les plaques de plâtre de 10 ou 13 mm ;
— les panneaux ;
— les parois vitrées ;
— le P.V.C. ;
— le bois.

La difficulté réside dans la mise en œuvre.

La courbe que fait la paroi doit être régulière si l'on veut la voir.

Mise en œuvre sur une paroi inclinée, d'une structure en rails métalliques suspendus

Note

Implantation et pose des suspentes

— Positionner et visser dans les quatre angles de la surface à couvrir, les quatre suspentes d'angle.

— Relier et tendre entre ces quatre suspentes d'angle un cordeau, qui matérialisera le niveau des suspentes intermédiaires.

— Fixer les suspentes par deux vis en respectant les entraxes maximums suivant :

. 0,60 m au maximum entre deux rails consécutifs,

. 1,30 m au maximum entre deux points de fixation sur un même rail,

. 0,10 m au maximum en bord de chaque mur.

Légendes page ci-contre :
→

1. *Les quatre suspentes d'angle positionnées, les relier par un cordeau et fixer toutes les autres suspentes intermédiaires (latéralement et haut et bas). Cette opération terminée, le cordeau sera déplacé pour positionner rangée par rangée toutes les autres suspentes.*
2. *Toutes les suspentes fixées au même niveau, une première couche de laine de verre (sans pare-vapeur), coupée à une largeur correspondant à l'intervalle entre deux chevrons, sera disposée entre ces dernières.*

1.

2.

3 bis.

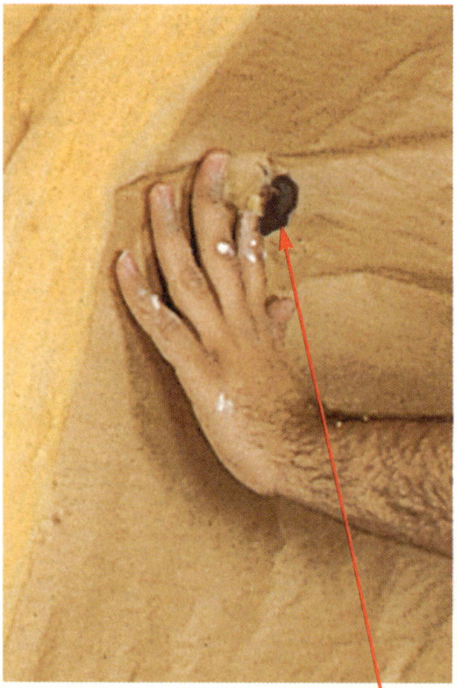

3 bis. *Détail de l'embrochage de la laine de verre : la laine de verre est traversée de part en part par la suspente.*

3. *Une deuxième couche de laine de verre (avec pare-vapeur), recouvrant la première ainsi que les chevrons, sera embrochée dans les suspentes.*

3.

Le premier lé posé, clipser provisoirement sur sa largeur un rail intermédiaire qui maintiendra l'ensemble pendant la pose des lés suivants.

Note

Pour maintenir l'isolant, sous plafond ou en paroi inclinée, il existe des suspentes spéciales permettant de maintenir grâce à des pattes intermédiaires rabattables, jusqu'à deux couches d'isolant superposées (voir photos ci-contre et page 34).

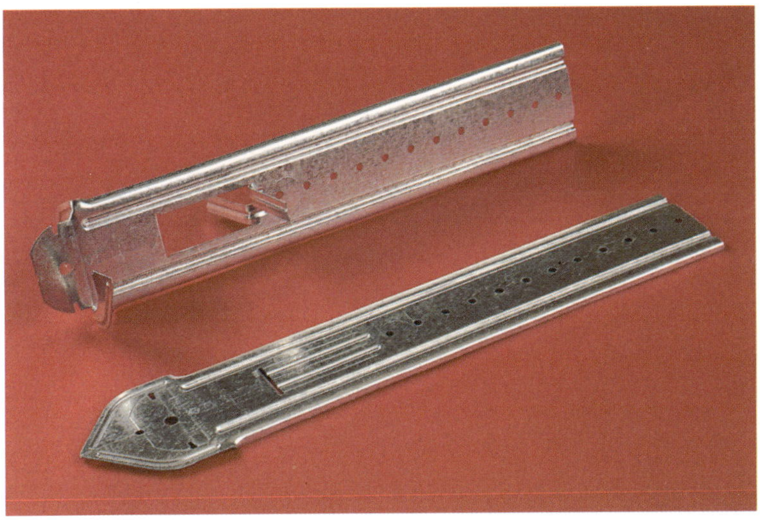

Suspente permettant la fixation sur une structure porteuse en bois, spéciale pour le maintien des isolants

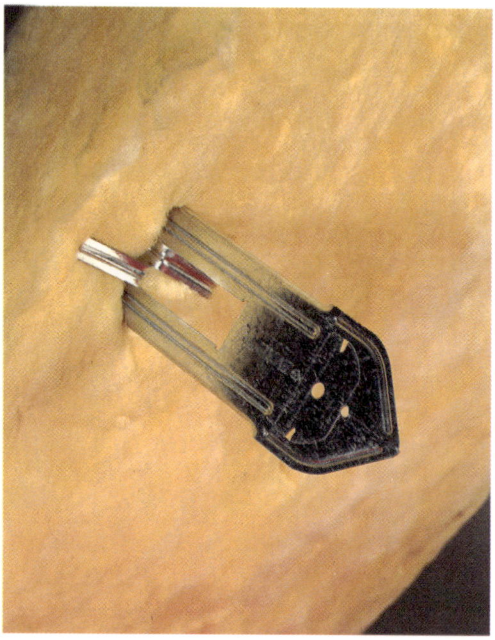

1.

1. La première couche d'isolant est embrochée sur la suspente. Les pattes intermédiaires sont rabattues de part et d'autre de la suspente, pour maintenir l'isolant.

→

2. La deuxième couche d'isolant est à son tour embrochée. Les pattes de la tête de la suspente sont rabattues.

2.

3. Il ne reste plus qu'à clipser les rails sur les têtes des suspentes. Dès lors tous types de revêtements muraux peuvent être vissés sur les rails : plaques de plâtre, panneaux de bois, lambris, etc.

3.

Les principaux types de suspentes pour rails métalliques

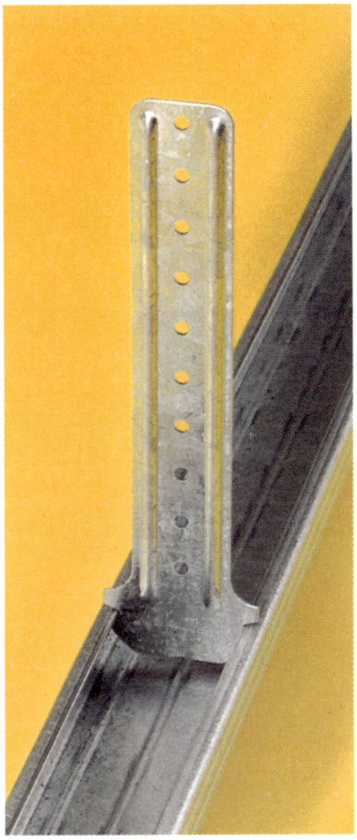

1.

←
1. Suspente pour structure porteuse bois (ce type de suspente existe en plusieurs longueurs).

3. Suspente articulée en position sous plafond avec son cavalier clipsé dans le rail.

4. Suspente articulée fixée sur une paroi inclinée.

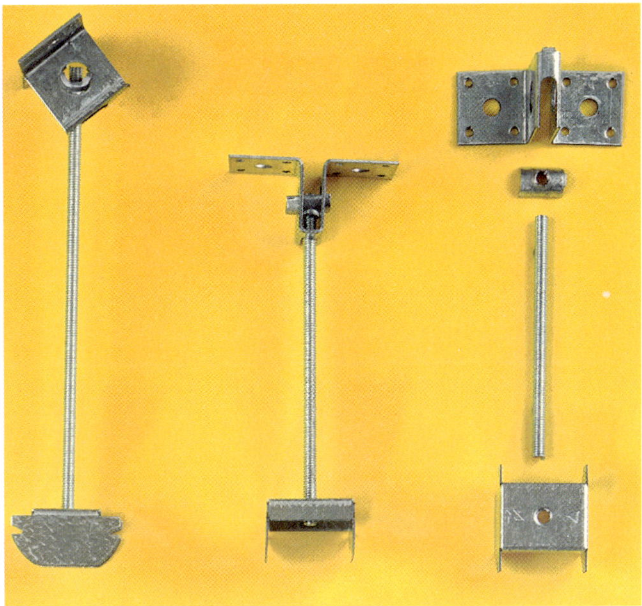

2.

2. Suspentes articulées pour structure porteuse bois ou dalle en béton, pouvant indifféremment être utilisées quelle que soit l'inclinaison de la paroi ou sous plafond. La liaison entre la partie articulée et le cavalier porte rail se fait par l'intermédiaire d'une tige filetée (diamètre 6) dont la longueur sera adaptée aux besoins.

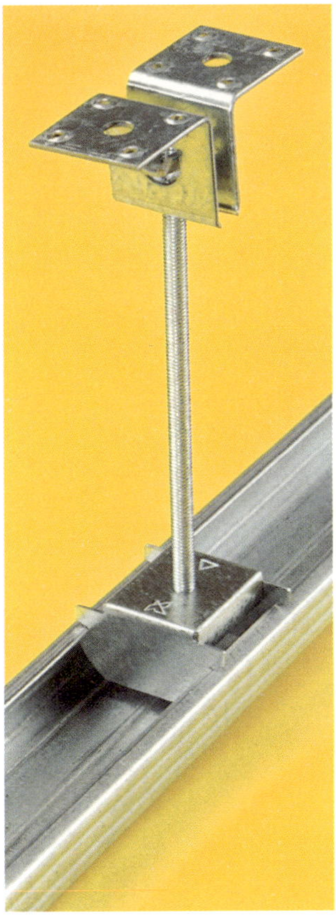

3.

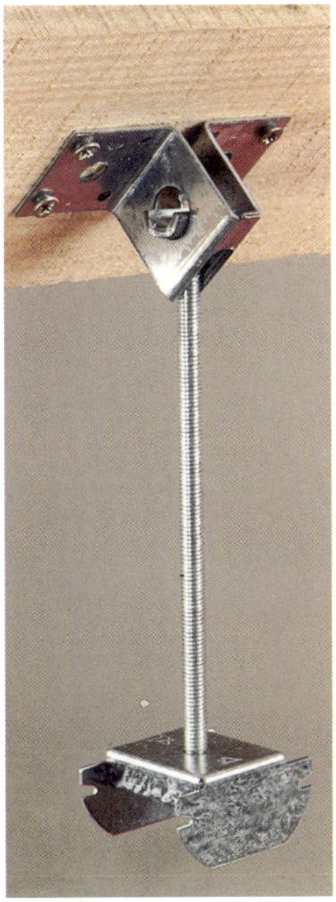

4.

5.

5. La prolongation entre rails est assurée par une éclisse de raccordement.

Suspentes de liaison pour rails de charpente métallique. Ce type de suspentes se place indifféremment en position horizontale ou verticale.

***1.** En position horizontale.*

***2.** En position verticale.*

←

Suspente spéciale pour profilé métallique en position horizontale. Elle convient pour tous les types de rails du commerce : IPN, IPE, HEA, UPN, cornière, fer plat ou en T jusqu'à 8 mm d'épaisseur.

LES ÉQUIPEMENTS NÉCESSAIRES À LA RÉALISATION

Que ce soit pour aménager des combles ou pour acheter un pavillon, il y a certaines précautions à prendre pour ne pas être en face de surprises qui peuvent coûter cher : les alimentations, les évacuations, les installations techniques futures...

LES ALIMENTATIONS

L'installation d'une maison ne prévoit pas forcément un agrandissement. C'est la raison pour laquelle il faut faire un **inventaire** de ce qui est disponible et de **ce qu'il faut modifier**.

L'EAU

Il faut vérifier que l'**alimentation** en eau chaude et froide **est suffisante** tant pour les équipements (lavabos, baignoires...) que pour la chaudière (consommation d'eau froide, production d'eau chaude...).

LE GAZ

L'aménagement des combles peut comporter une cuisine. Si le fonctionnement se fait au gaz, il faut vérifier l'alimentation de la maison et voir si elle est suffisante.

L'ÉLECTRICITÉ

L'équipement électrique de la maison existante doit **être capable de supporter** celui de l'aménagement. Il faut donc vérifier que **la puissance et l'ampérage suffisent** !

LES ÉVACUATIONS

Les nouvelles installations des combles nécessitent peut-être de **nouvelles évacuations** : sanitaire, douche, baignoire, évier, lavabo. Le branchement sur les égouts est obligatoire, et il faut trouver une descente d'eaux usées. En ce qui concerne les W.C., on peut toujours avoir recours à un sanibroyeur, mais ce n'est pas la meilleure solution.

LA VENTILATION

Les combles doivent être correctement ventilés.

En général, la prise d'air se fait dans les pièces sèches : le séjour, les chambres ; et l'évacuation dans les pièces d'eau : les W.C., la salle de bains, la cuisine !

Pour améliorer cette ventilation, on peut utiliser une V.M.C. (ventilation mécanique contrôlée). Elle est installée dans les pièces d'eau, soit dans les ouvertures si elles existent (fenêtres, fenêtres de toit basculantes...), soit dans les cloisons (avec une sortie vers l'extérieur !).

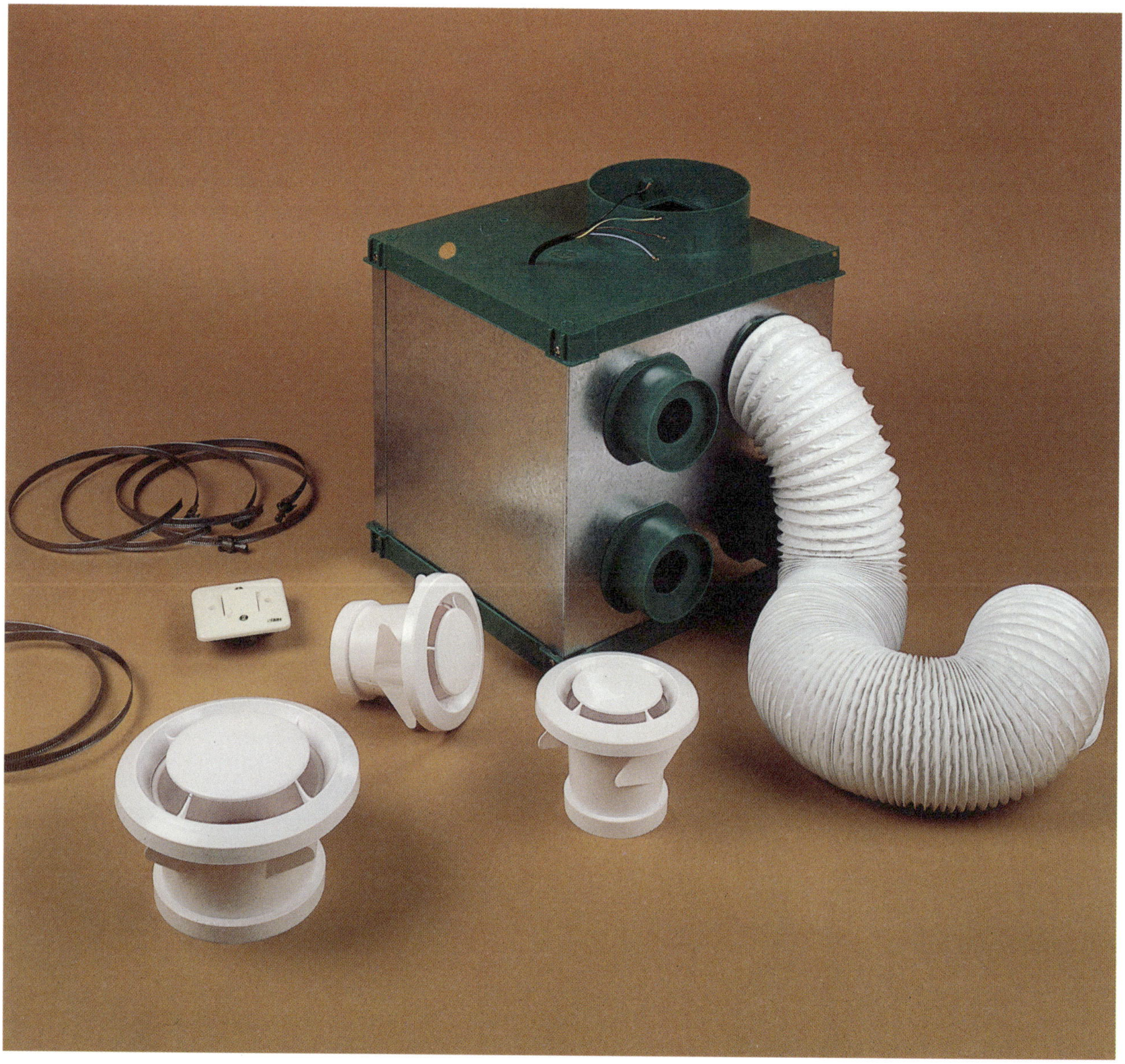

LES CARACTÉRISTIQUES DES COMBLES ET DE LEUR ESPACE

Étudions maintenant quelques principes à respecter pour bien réussir son aménagement, et quelques exemples de transformations.

LES ÉLÉMENTS FIXES

Les combles **comportent des éléments fixes** qu'on ne peut ni déplacer, ni supprimer. Il faut donc composer leur aménagement en fonction de ces éléments et en tirer le meilleur parti.

L'ACCÈS

C'est ce qui conditionne le fonctionnement de l'aménagement. Comment accède-t-on aux combles ?

Il existe 4 types d'accès (voir dessins ci-après, page 40).

— Les accès 1 et 2 sont sur le côté, ils permettent de libérer le reste des combles.
— Les accès 3 et 4 sont centraux, ils permettent de distribuer les combles de façon équitable.

LA STRUCTURE

Cet élément **est difficile à modifier**. Il faut tenir compte de ce qui est **porteur**, et de ce qui **liaisonne**.

La charpente peut être **autoportée** ou **reposer** sur des murs bâtis qui la soutiennent.

Dans tous les cas, il faut vérifier l'état de la charpente.

LES CHEMINÉES

Les conduits de cheminée sont **rarement supprimables**. Il faut donc s'adapter et aménager les pièces en fonction de ces éléments fixes.

LES OUVERTURES

À l'origine, les combles n'ont pas d'ouverture généreuse. Quelques petites lucarnes ou une ouverture en pignon. L'important est de **connaître l'orientation du toit**. En fonction de ça, on peut ouvrir le toit à sa guise et même le modifier pour gagner de la place.

→
Vue en coupe

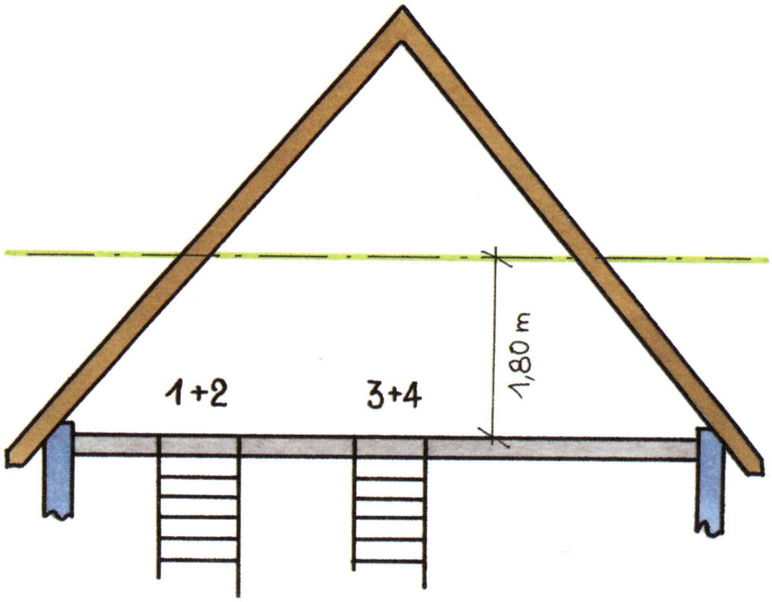

— *Les accès 1 et 2 sont sur le côté, ils permettent de libérer le reste des combles.*

— *Les accès 3 et 4 sont centraux, ils permettent de distribuer les combles de façon équitable.*

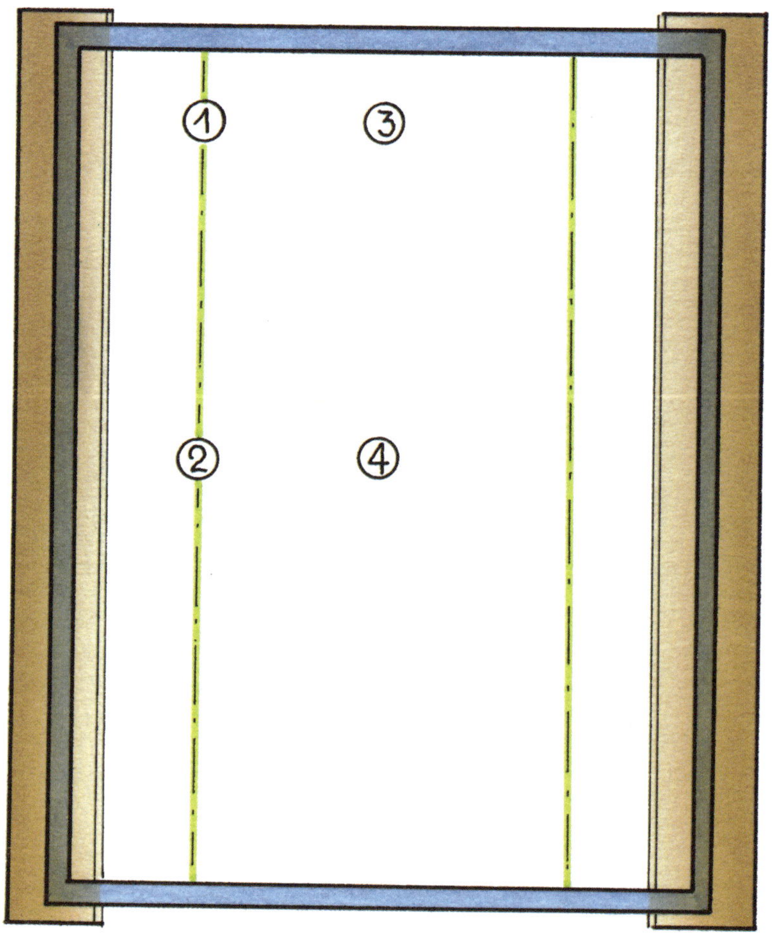

→
Vue du dessus
(en plan)

L'ESPACE HABITABLE

L'espace dit « habitable » est celui dans lequel **une personne peut se déplacer debout**, sans être gênée. Pour la législation et les impôts, c'est l'espace dont la hauteur est supérieure à 1,80 m. Mais en pratique, cette hauteur peut être adaptée aux futurs occupants !

→
Vue en coupe

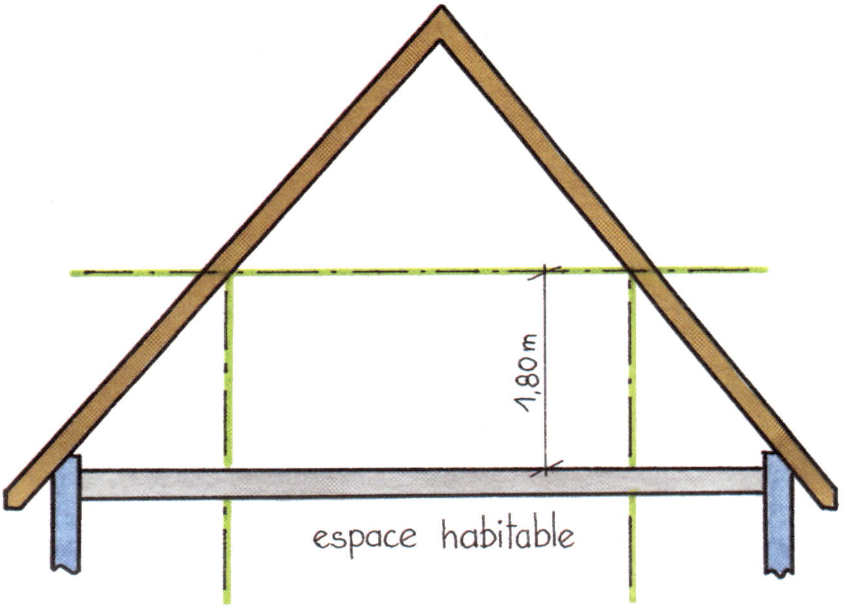

→
Vue en plan

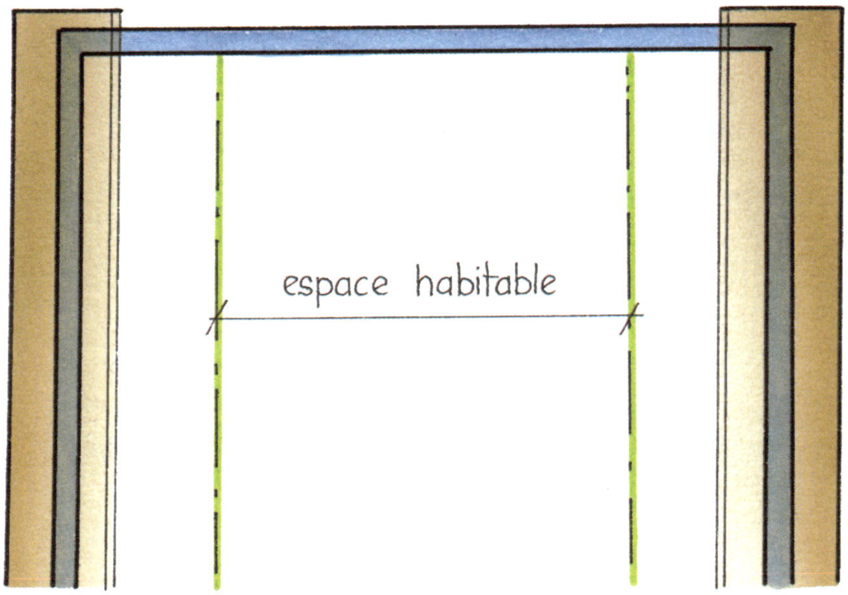

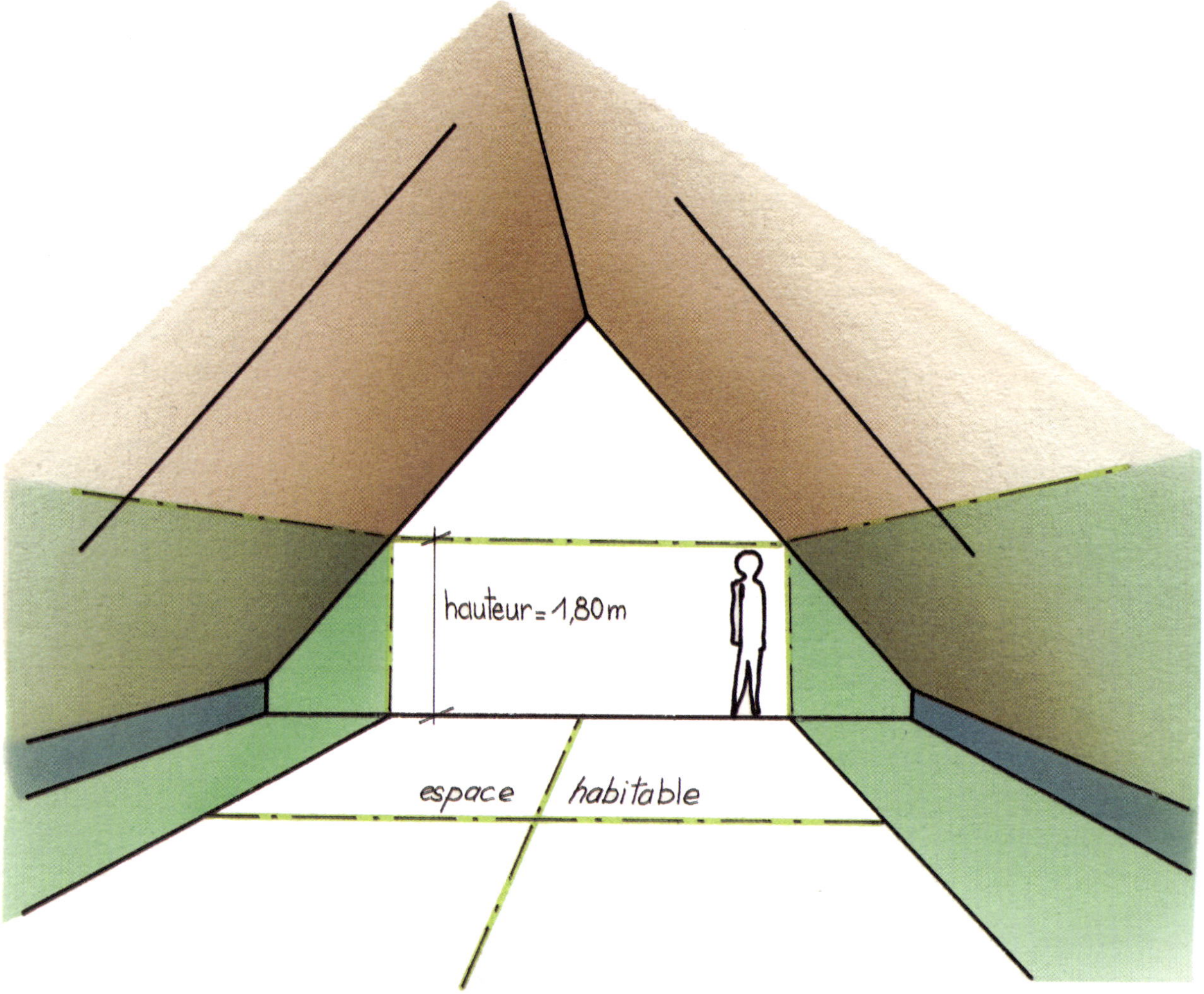

Il peut être intéressant de tracer au sol la limite correspondant à une hauteur d'1,80 m. L'espace restant est celui que l'on peut réellement utiliser.

— L'espace dont la hauteur est inférieure à 1,80 m n'est pas habitable. Par contre, on peut l'utiliser comme rangement ou l'aménager astucieusement.

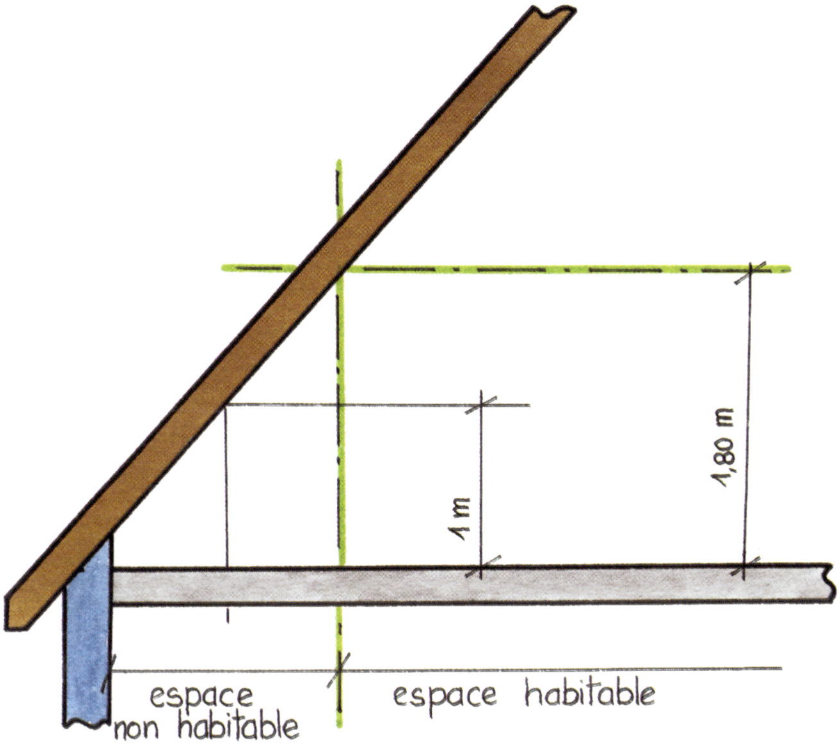

— Les espaces dont la hauteur est inférieure à 1 m sont très peu utilisables, d'autant plus qu'aucun meuble ne peut y être mis. On peut les condamner par **une cloison qui permettra de servir d'appui** pour une commode ou des fauteuils.

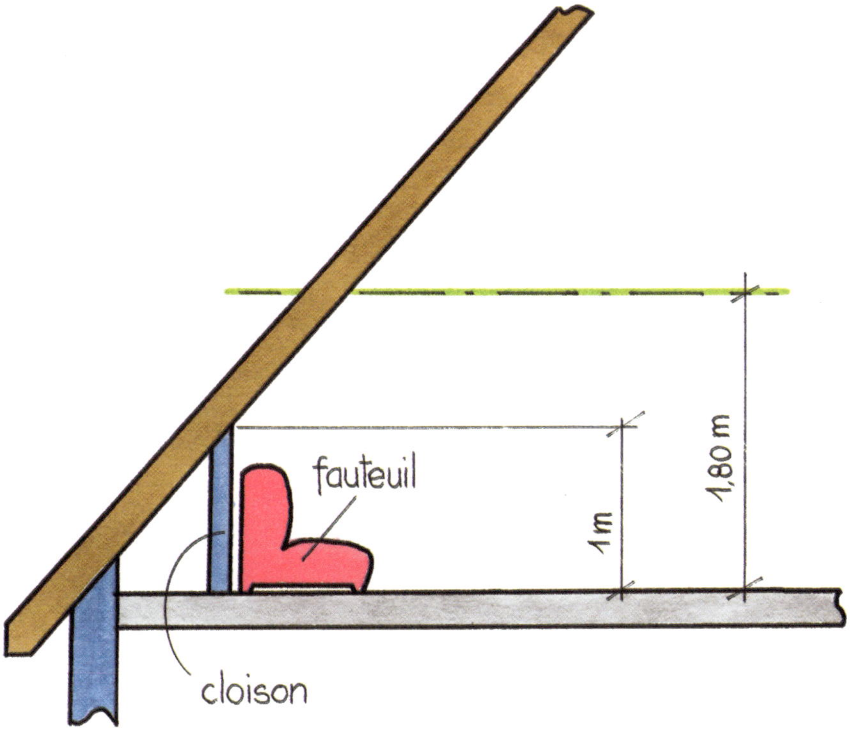

UTILISATION DE L'ESPACE NON HABITABLE

— Pour un **coin séjour** : exemple d'implantation d'un fauteuil.

— Pour une **chambre** : exemple d'implantation d'un lit.

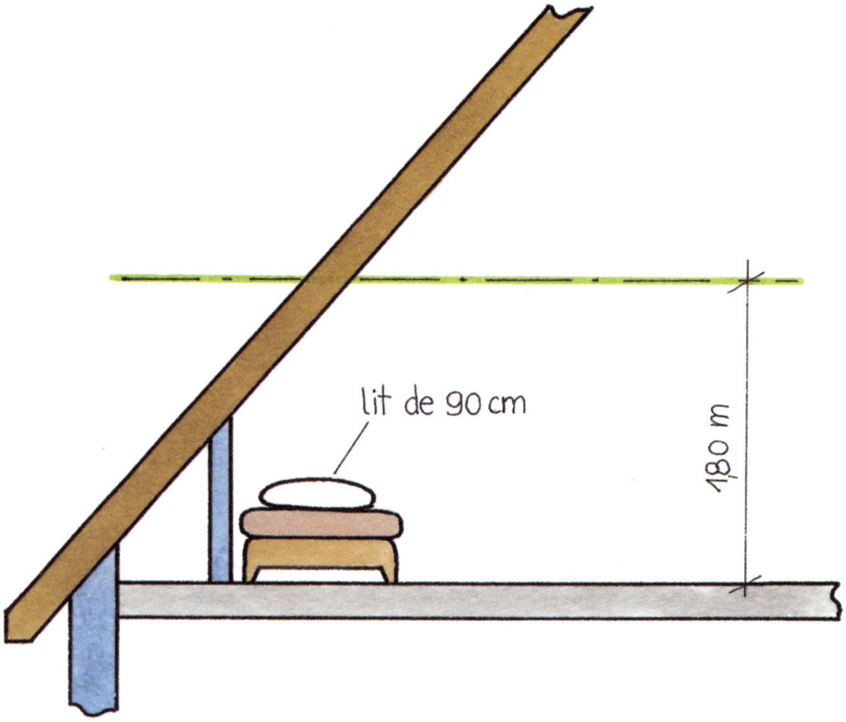

— Pour des **toilettes** : exemple d'implantation d'une cuvette de W.C.

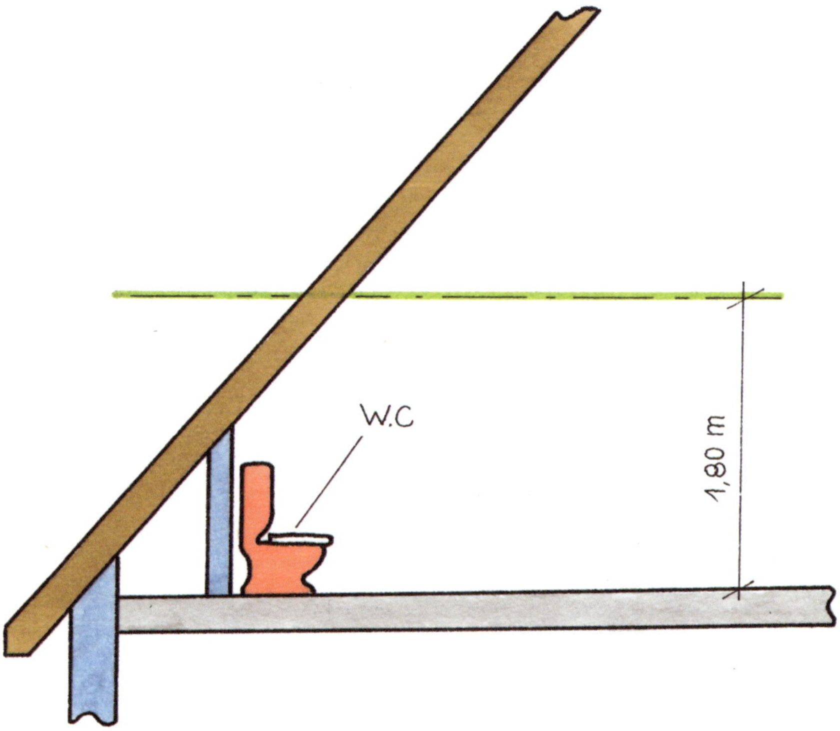

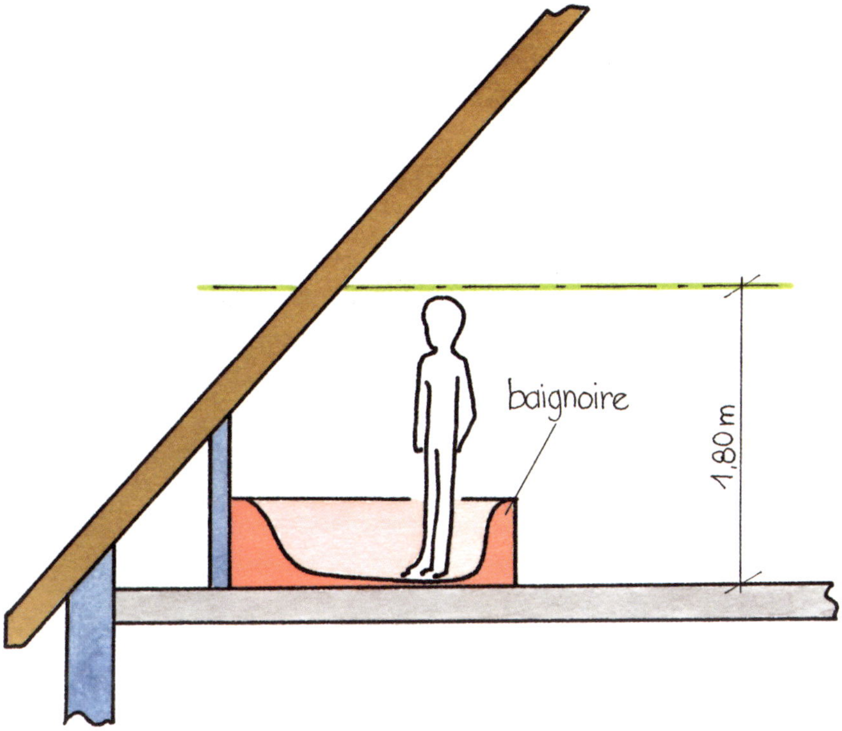

— Pour une **salle de bains** :
exemple d'implantation d'une baignoire.

Attention

Pour la baignoire, il faut ménager une place suffisante pour se lever.

LA TRANSFORMATION

Un des besoins essentiels dans l'aménagement est l'apport de lumière. Si les ouvertures nécessaires n'existent pas, il faut les créer.

LA FENÊTRE DE TOIT BASCULANTE ET SES VARIANTES

La fenêtre de toit basculante simple apporte **beaucoup de lumière**. Il faut faire attention à **la hauteur de cette fenêtre pour pouvoir accéder à la poignée** d'ouverture. Si elle est placée trop haut ou si plusieurs fenêtres sont superposées, on peut avoir **recours à un système électrique d'ouverture**.

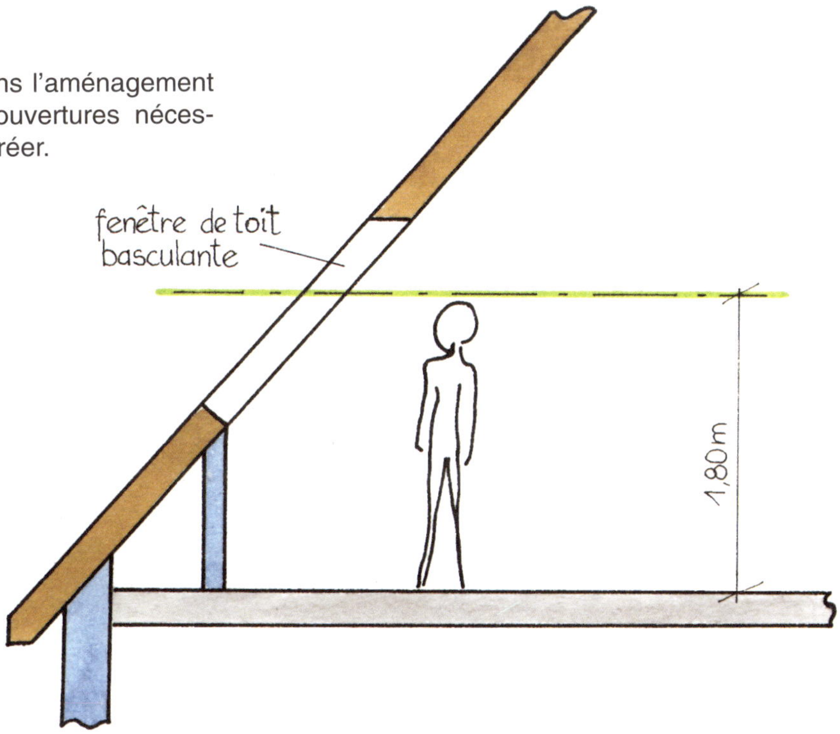

PLUSIEURS FENÊTRES DE TOIT BASCULANTES

Superposer plusieurs fenêtres de toit basculantes est un moyen pour **obtenir une verrière**.

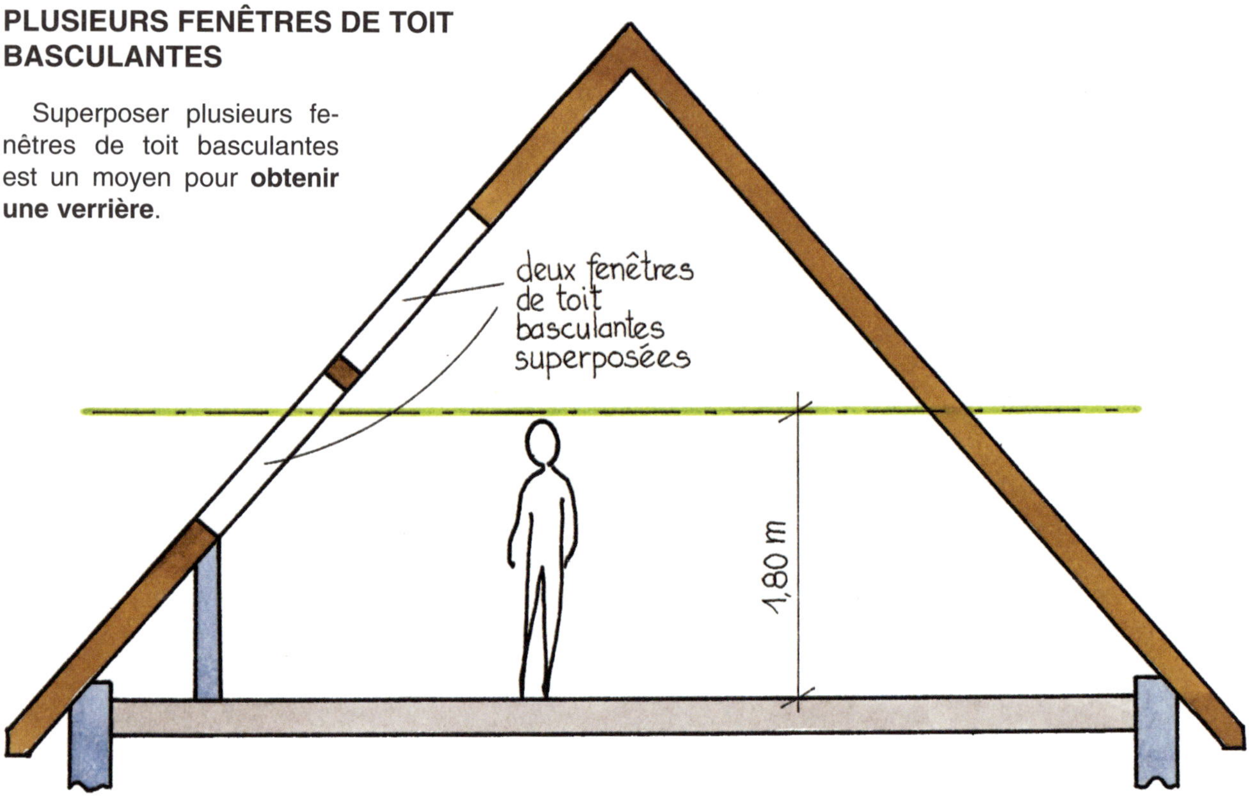

LA TRANSFORMATION DE LA CHARPENTE

Le besoin d'ouvrir le toit peut se cumuler avec un gain de place supplémentaire en transformant la charpente. On peut y arriver en créant **une lucarne ou un chien-assis**.

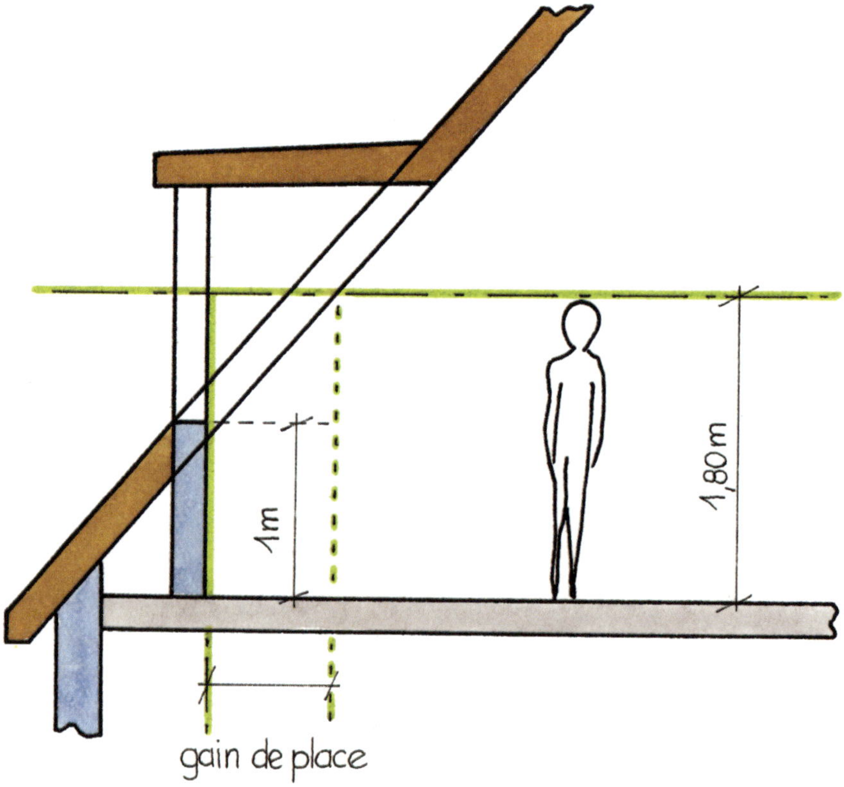

LA CIRCULATION À L'INTÉRIEUR DES COMBLES

Dans des combles, la circulation n'est possible que dans l'espace dont la hauteur est supérieure à 1,80 m.

Il faut faire **attention aux éléments de charpente qui pourraient gêner la circulation**.

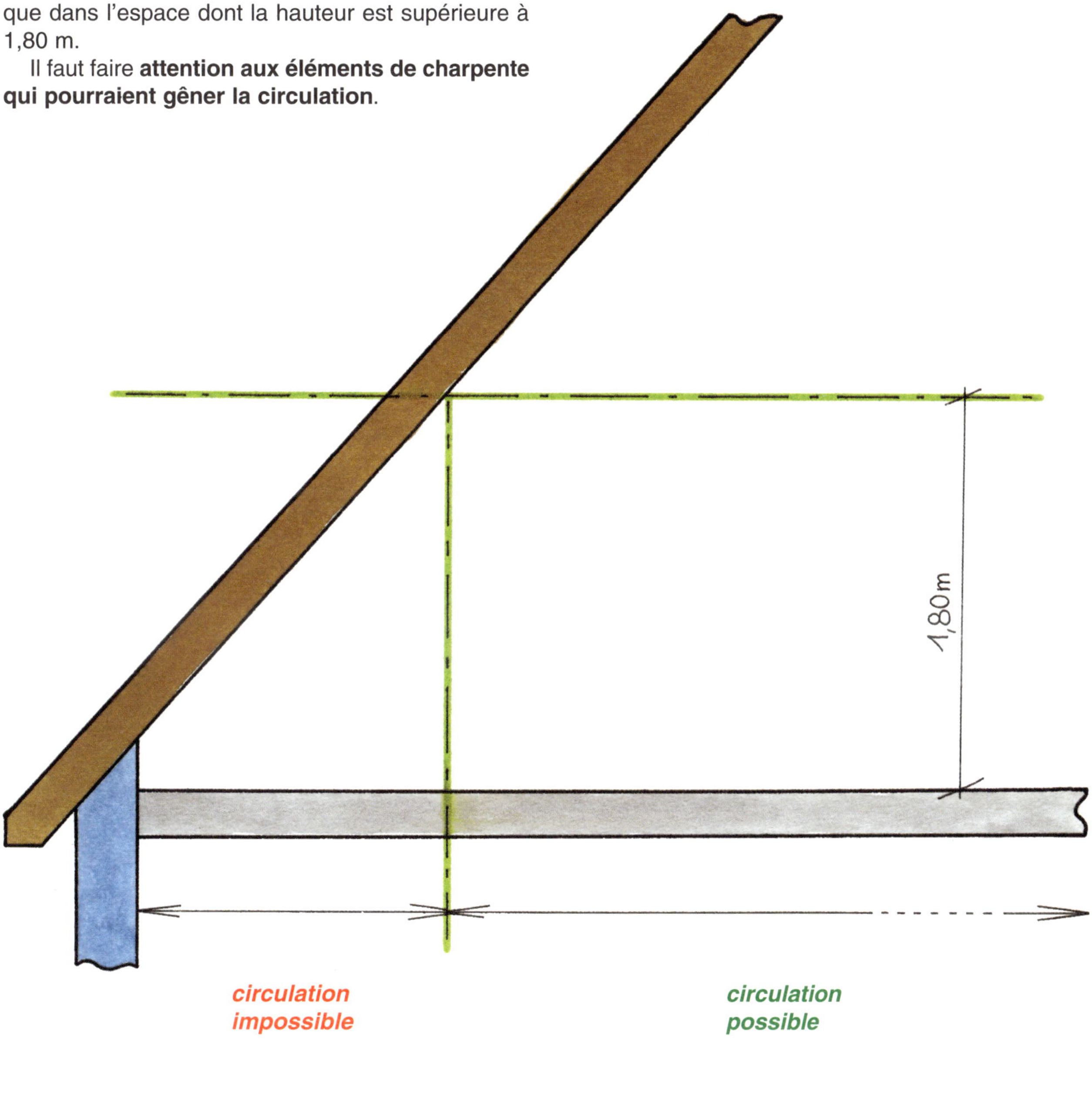

LES PORTES

Les portes ont une hauteur minimum de 2,05 m. Lorsqu'elles sont battantes, **leur ouverture doit être possible au moins sur 90°**. Lorsqu'elles sont coulissantes, il faut penser au sens d'ouverture.

LES DIFFÉRENTS CAS DE FIGURES

Il n'existe pas de plan type ou d'aménagement type pour les combles. La diversité des formes, des toitures, des contraintes font que chaque cas est différent.

C'est pour cela qu'avant toute chose, il faut établir le degré d'exploitation des combles. Peut-être ne sera-t-il pas adapté à ce que l'on veut en faire !

BILAN DES CONTRAINTES

En premier lieu, il faut faire le bilan des contraintes :

— **charpente**,
— **structure d'assise**,
— **cheminées**,
— **cloisons existantes**,
— **accès**,
— **dimensions** (y compris la hauteur !),
— **possibilités de placer les gaines dans les étages inférieurs**,
— ...

DESTINATION DES PIÈCES

Ensuite il faut savoir quelle utilité il aura :

— **appartement complet**,
— **pièces supplémentaires**,
— **lieu de travail**,
— ...

Si le bilan laisse apparaître que les combles sont exploitables, on peut penser alors aux ouvertures. L'orientation du toit et la situation du bâtiment offrent peut-être une vue intéressante sur le paysage !

Ce n'est qu'en ayant bien réfléchi à tout cela que l'on peut commencer à aménager les combles en étant sûr de faire le bon choix.

LES COMBLES À 45°

Ces combles dont la toiture est à trois pans sont déjà aménagés à moitié. L'escalier qui permet d'y accéder est en façade et débouche sur un couloir qui dessert deux chambres et un grenier.

Deux cheminées traversent les combles et deux lucarnes éclairent chacune des chambres.

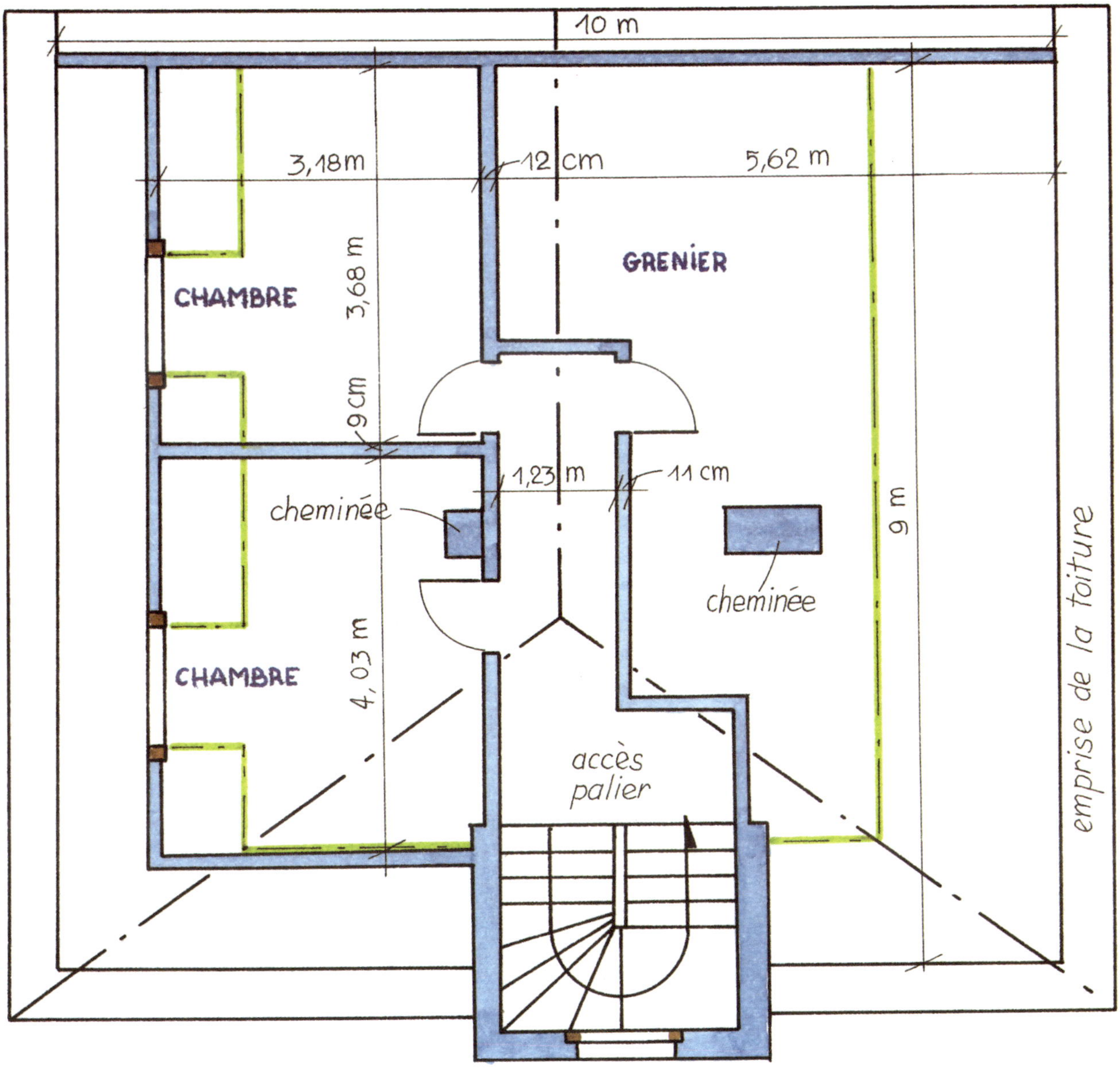

La coupe nous montre le toit à 45°, les deux cheminées qui sortent du toit ainsi que les éléments de charpente.

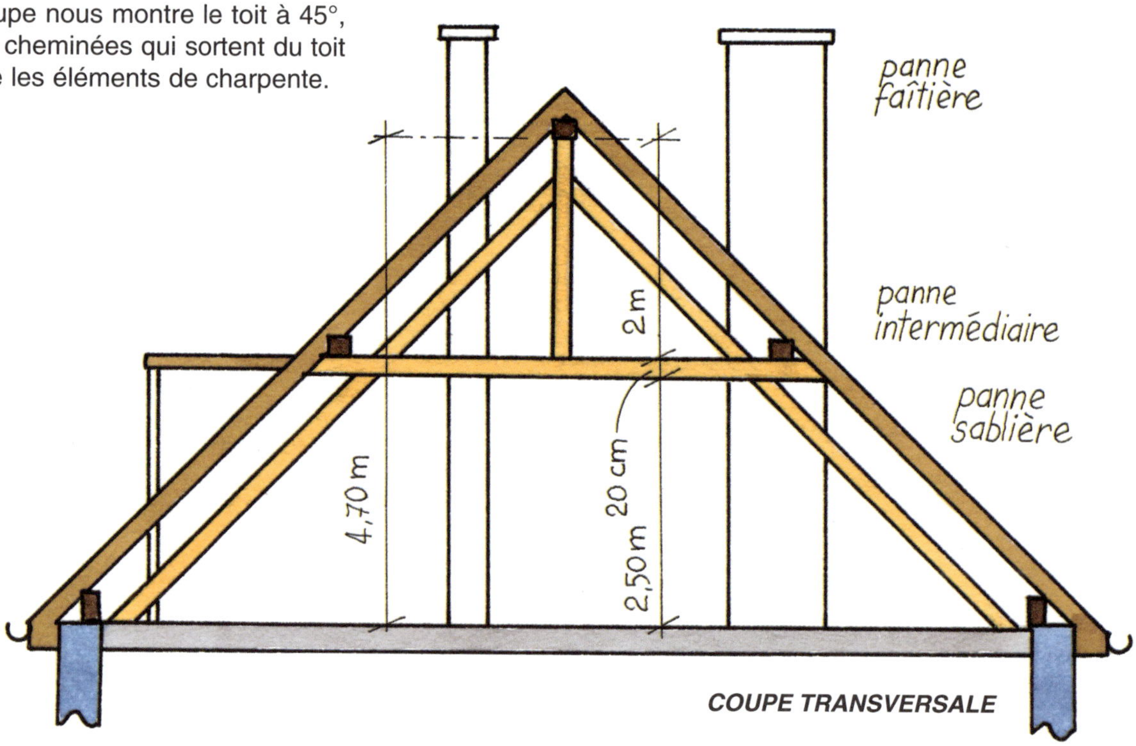

COUPE TRANSVERSALE

La hauteur totale du plancher au faîte du toit est de 5 m à l'intérieur des combles. **Il est donc possible de mettre un deuxième niveau**.

Les combles ont deux ouvertures en « chiens-assis » que l'on peut conserver, mais l'autre côté n'est pas éclairé.

Le propriétaire voudrait utiliser ces combles pour en faire deux studios.

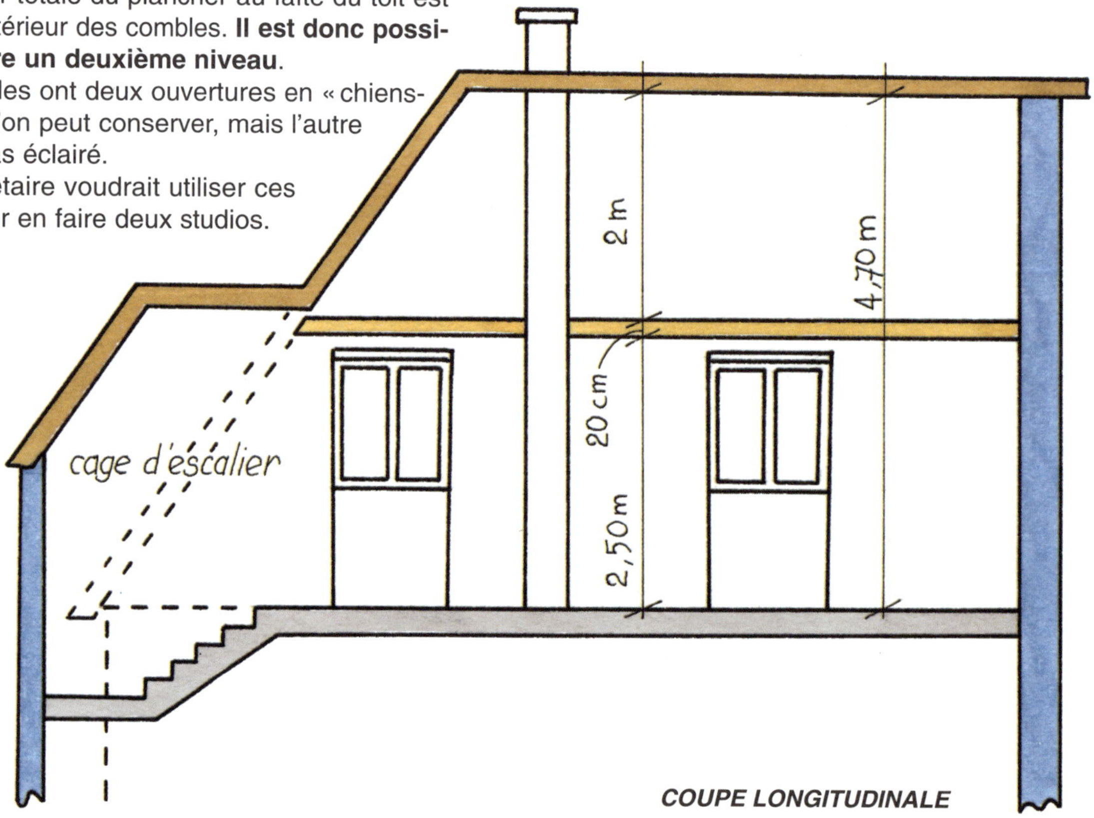

COUPE LONGITUDINALE

Cette vue en axonométrie permet de comprendre comment fonctionnent les combles. Les cloisons existantes sont utilisables et la hauteur permettrait d'exploiter la partie supérieure.

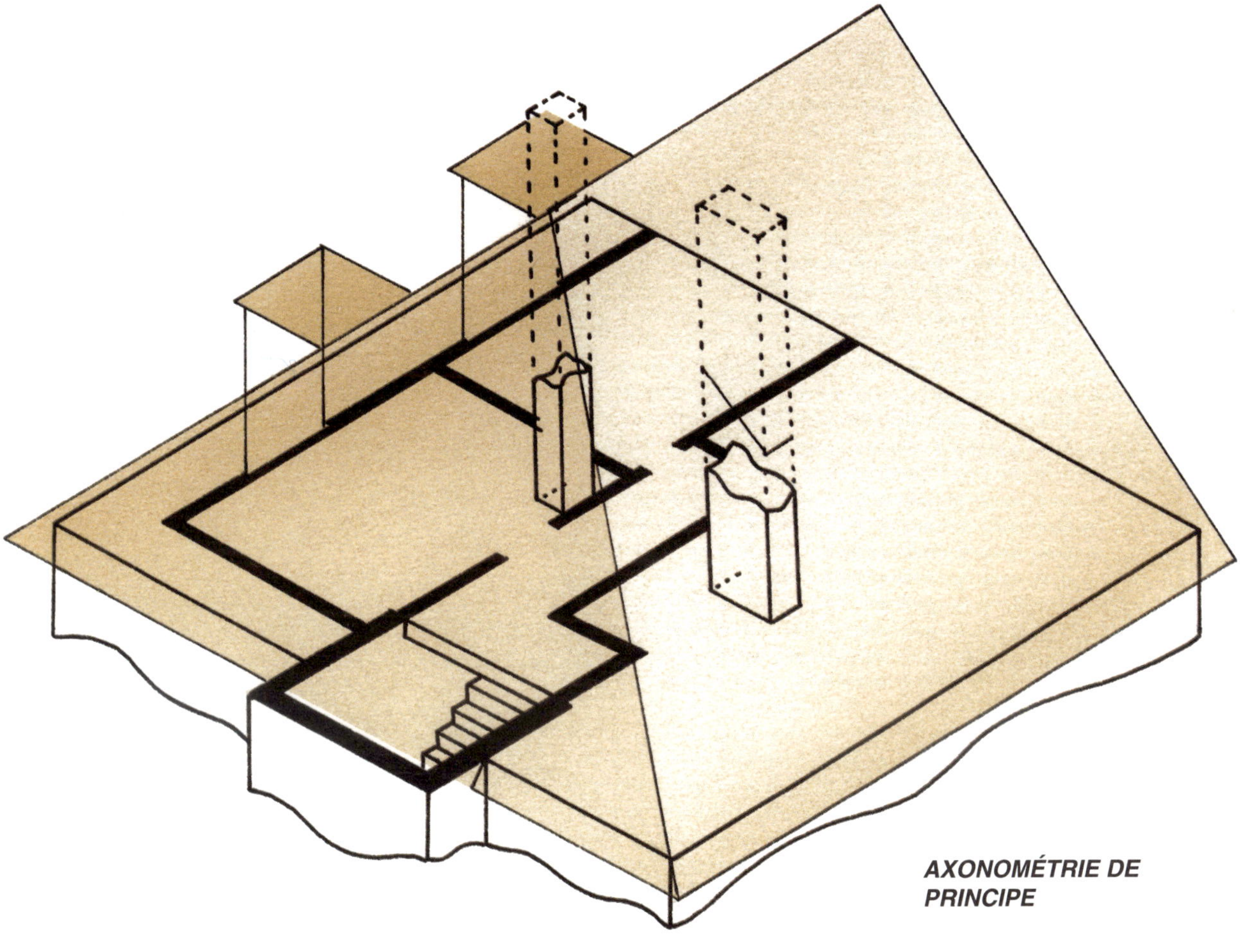

AXONOMÉTRIE DE PRINCIPE

On a représenté en noir la trace des cloisons et des murs existants sur le sol des combles.

Le bilan d'exploitation nous **permet d'envisager plusieurs transfomations. L'accès en partie presque central** laisse le choix d'**une distribution d'un ou de plusieurs logements** et les dimensions généreuses (10 m x 9 m) donnent un espace agréable.

TRANSFORMATION DES COMBLES EN DEUX STUDIOS ÉQUIPÉS

Dans cet exemple, **on utilise les combles pour en faire deux studios** équipés avec **un coin repas**, **une chambre** et **une salle de bains**. Les deux cheminées proches de l'escalier font qu'un palier a été créé pour desservir les deux studios.

Les cloisons existantes ont été maintenues ainsi que **les portes** et **les lucarnes. Un des studios exploite la partie supérieure des combles**.

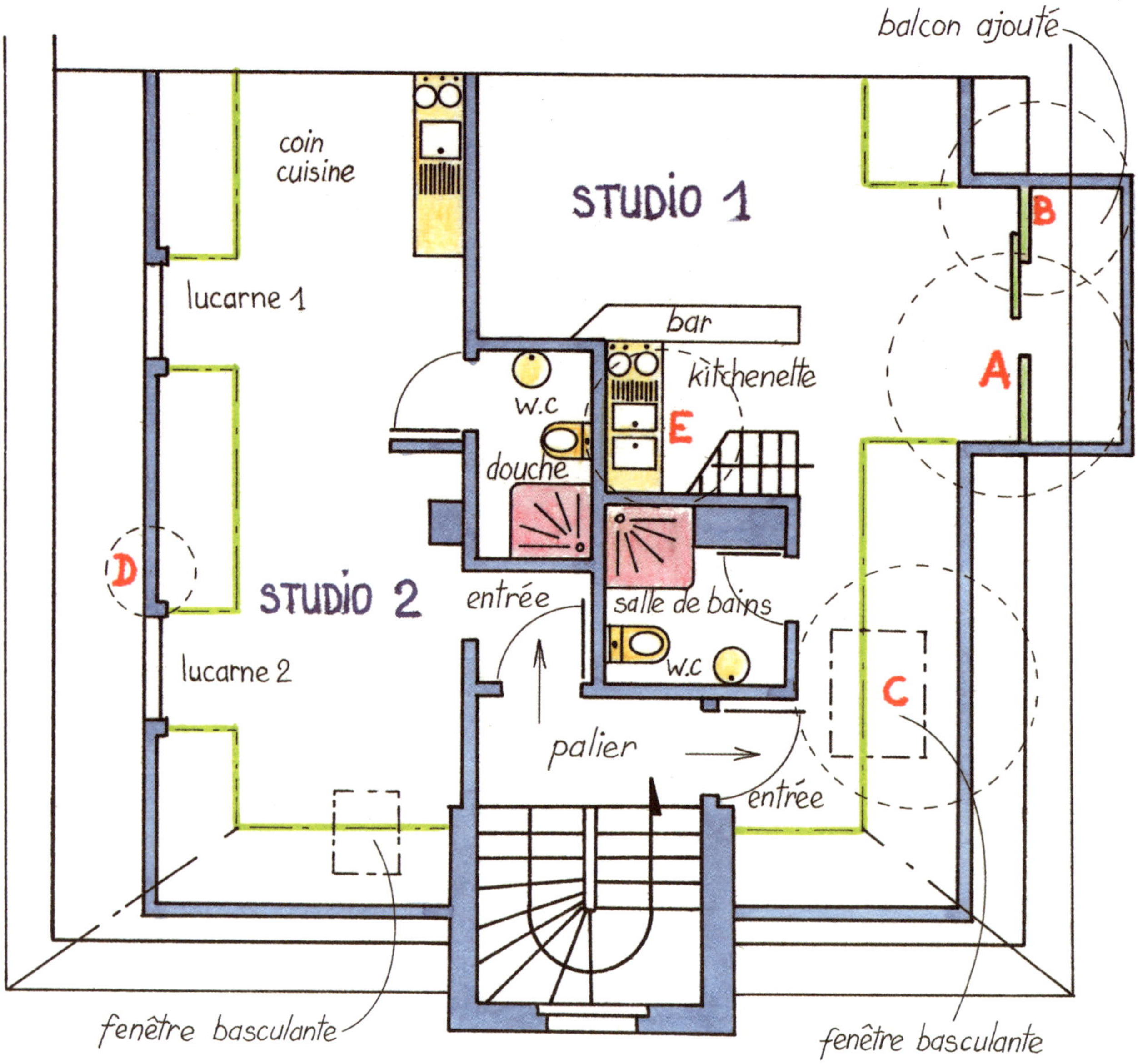

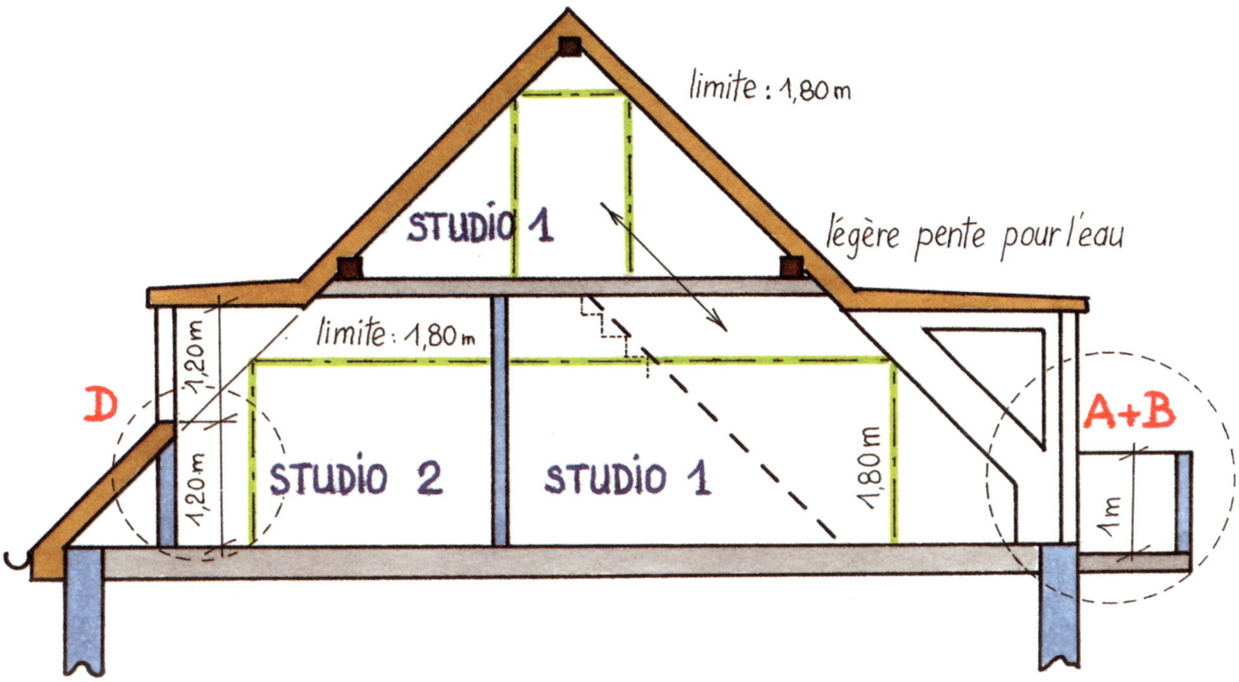

COUPE TRANSVERSALE

On peut remarquer que le « pied-droit » des combles est placé à une hauteur d'1 m (voir **A**. + **B**.) et que l'allège des lucarnes est maintenue à 1,20 m (voir **D**.).

Dans la partie supérieure des combles, **l'espace habitable est très « petit »**, mais permet néanmoins d'y mettre **un lit** pour en faire un « coin nuit ».

Du côté du studio 1, **un balcon a été créé** en prolongeant la dalle. Une grande lucarne ouvre alors le toit et laisse entrer la lumière de façon généreuse (**A**. + **B**.). Cet accès vers l'extérieur donne une nouvelle possibilité d'agrandir l'espace habitable des combles.

Les portes qui permettent d'aller sur le balcon **sont vitrées et coulissantes**. **Les côtés de la lucarne sont également vitrés**, ce qui donne à cet espace un aspect de « **véranda** ».

VUE DE LA LUCARNE
ET DE SON BALCON

La toiture qui la protège est en zinc avec une légère pente vers le balcon pour le bon écoulement des eaux pluviales.

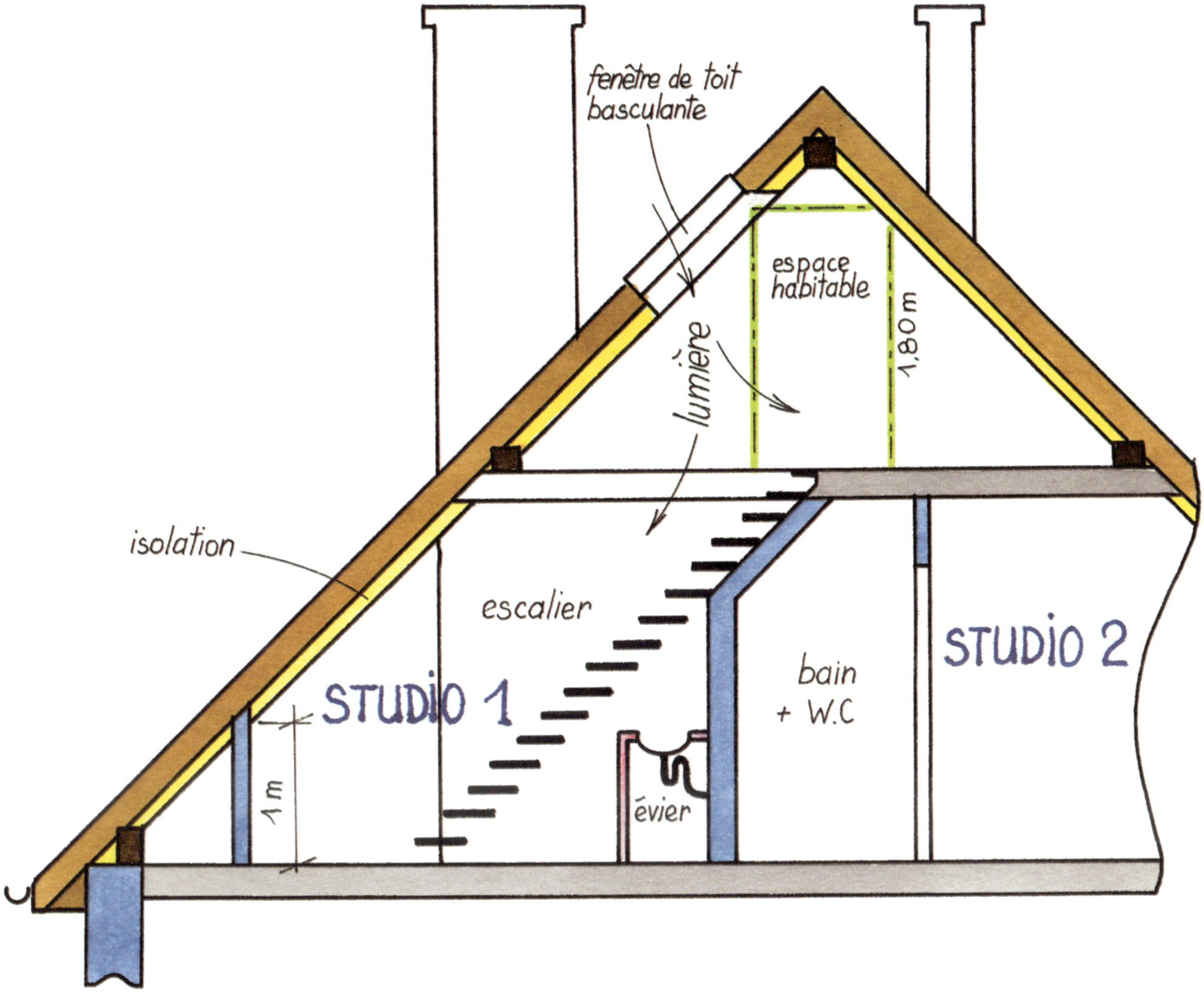

COUPE SUR L'ESCALIER

E. L'escalier qui permet **d'accéder à la partie supérieure** longe la grande cheminée. Il est placé de façon à ce que la hauteur entre les marches et le toit soit de 2 m pour **ne pas avoir de gêne** en montant ou descendant.

Une fenêtre de toit basculante placée en haut de l'escalier l'éclaire et apporte une quantité de lumière suffisante pour le coin kitchenette de l'étage inférieur.

Le pied-droit est d'1 m car l'espace au-dessous n'est pas exploitable !

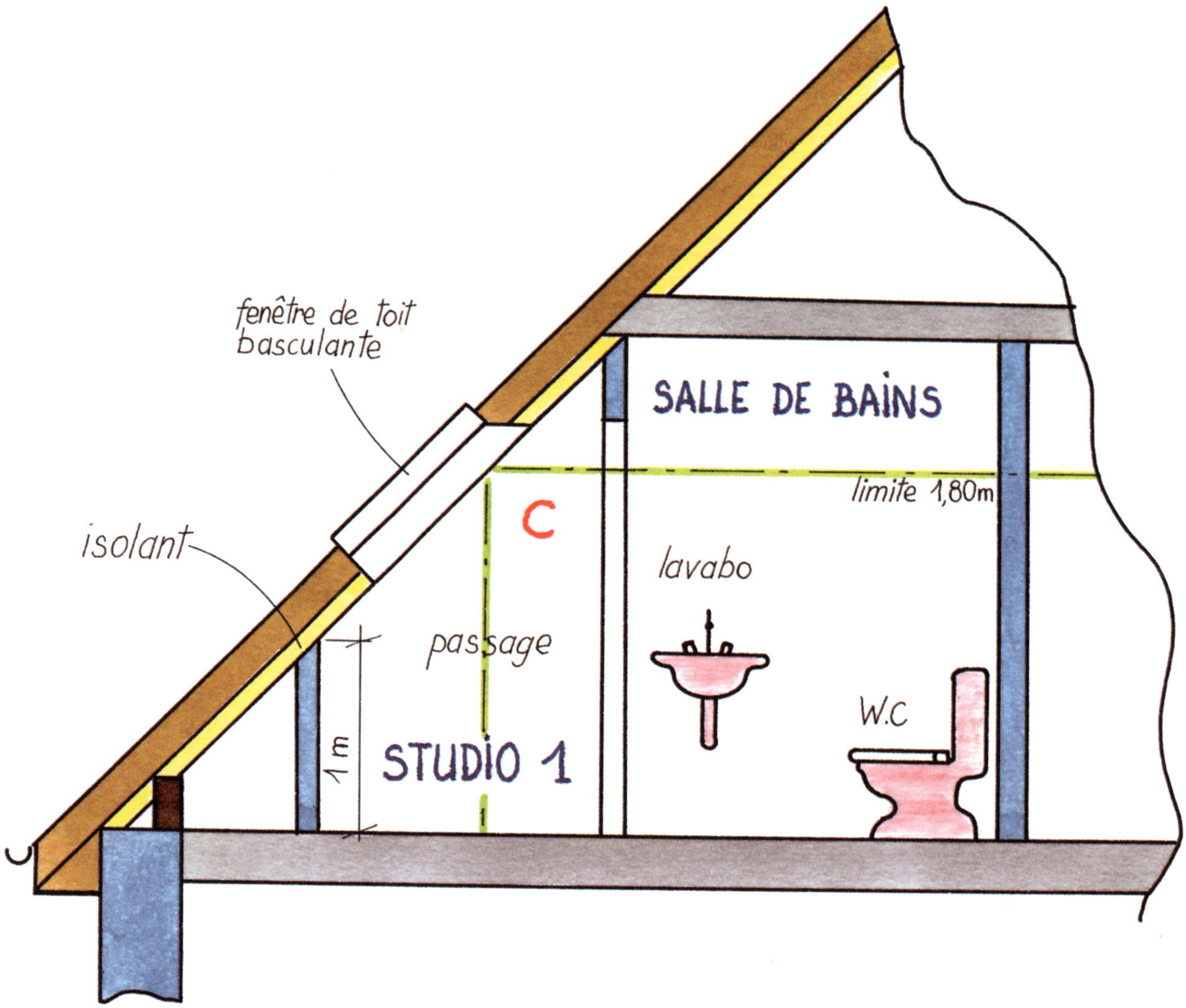

COUPE SUR LA SALLE DE BAINS

C. Le passage qui permet d'accéder au studio 1 est le long des rampants **pour perdre le moins de place possible**.

Une fenêtre de toit basculante est ajoutée pour éclairer l'entrée et le passage.

La porte de la salle de bains s'ouvre vers l'intérieur. L'espace pratiquable de ce passage est petit mais il suffit à sa fonction : ce n'est qu'un passage !

La pratique de ces deux studios nous montre comment « rentabiliser » au mieux les combles en se servant de leurs caractéristiques propres.

TRANSFORMATION DES COMBLES EN UN APPARTEMENT

Les mêmes combles sont transformés maintenant en **un appartement de trois pièces** avec **une cuisine** pouvant avoir une table de repas, **une salle de bains** et **une entrée**.

Les cloisons existantes ont été en partie maintenues et **la grande cheminée est utilisée** ici comme **élément participant à la décoration**.

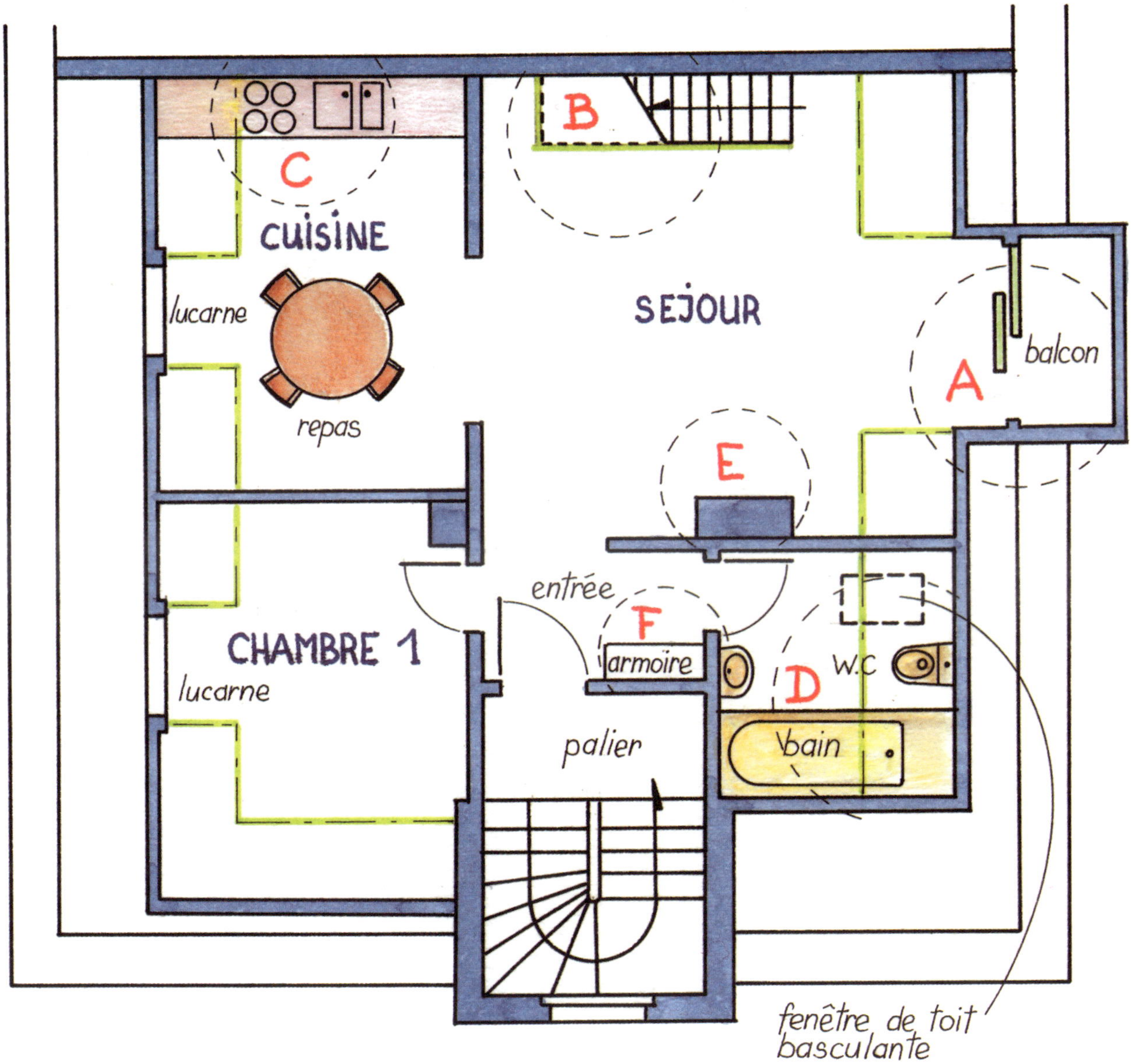

PLAN NIVEAU 1

Le deuxième niveau de ces combles **est utilisé** pour mettre un lit et en faire **une chambre**.

L'espace habitable est « petit » et sert essentiellement à circuler.

On a repoussé la cloison du fond derrière les deux cheminées pour donner plus d'espace pour aménager cette chambre.

B. L'escalier arrive dans l'espace habitable pour avoir une hauteur suffisante et ne pas gêner l'accès à cette chambre.

Une petite mezzanine a été aménagée pour mettre en liaison le séjour et la chambre.

La chambre est éclairée par deux fenêtres de toit basculantes.

G. On a décalé la petite cheminée pour faire une petite niche où l'on peut poser des affaires près du lit.

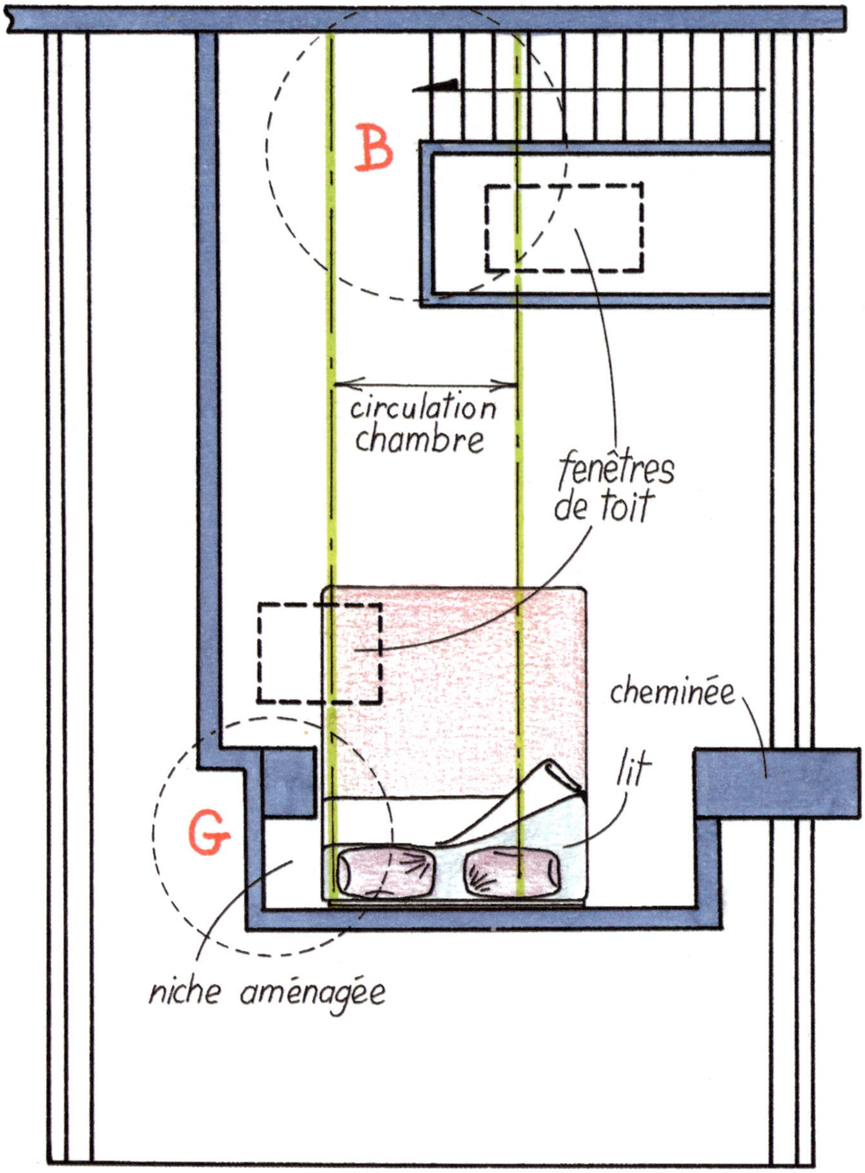

PLAN NIVEAU 2

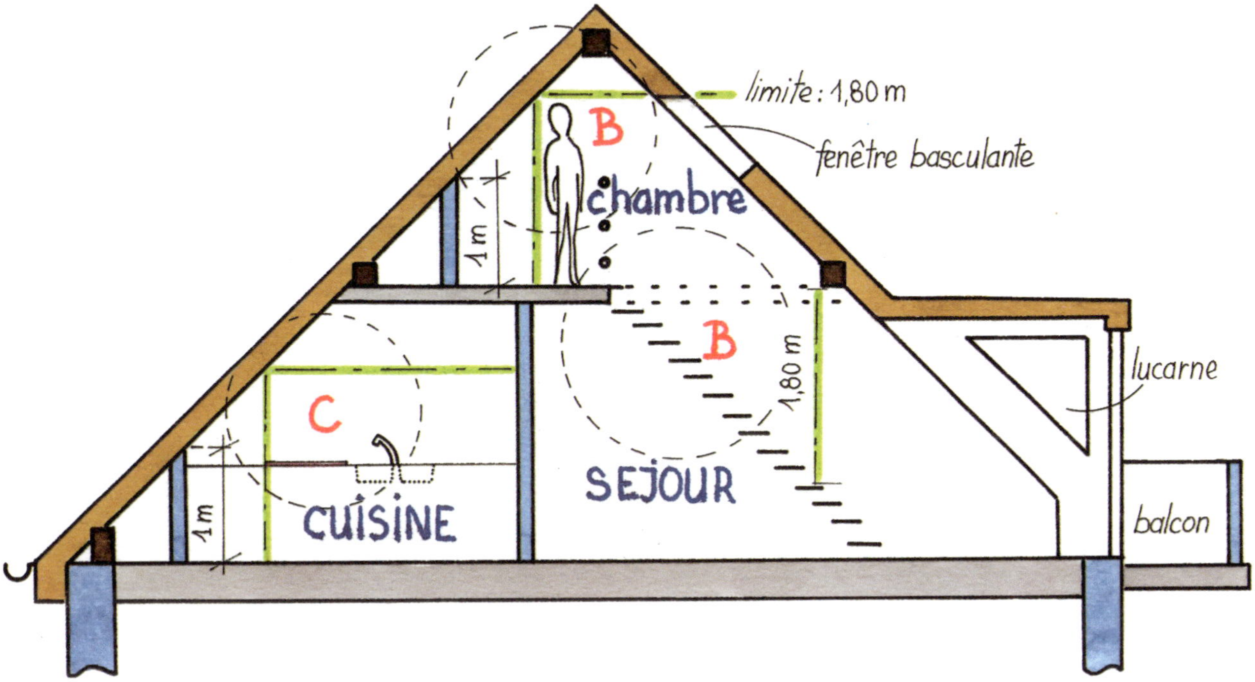

COUPE SUR LE SÉJOUR

C. La cuisine est installée dans une pièce donnant sur le séjour. **Les éléments** (table de travail, plaques de cuisson, évier...) **sont placés le long du mur** qui ferme les combles, **de façon à être dans l'espace habitable pour plus de commodité**.

La lucarne permet d'agrandir l'espace et de placer une table pour prendre les repas.

Les éléments ayant une hauteur de 88 cm, ils sont contre le pied-droit qui a 1 m de hauteur.

D. La salle de bains se situe près de l'entrée. **Une cloison verticale est montée de façon à avoir une hauteur d'au moins 1,80 m pour y placer une baignoire**, ceci afin de **pouvoir se mettre debout pour prendre une douche**.

Le W.C. est placé contre le pied-droit et une fenêtre de toit basculante éclaire cette pièce.

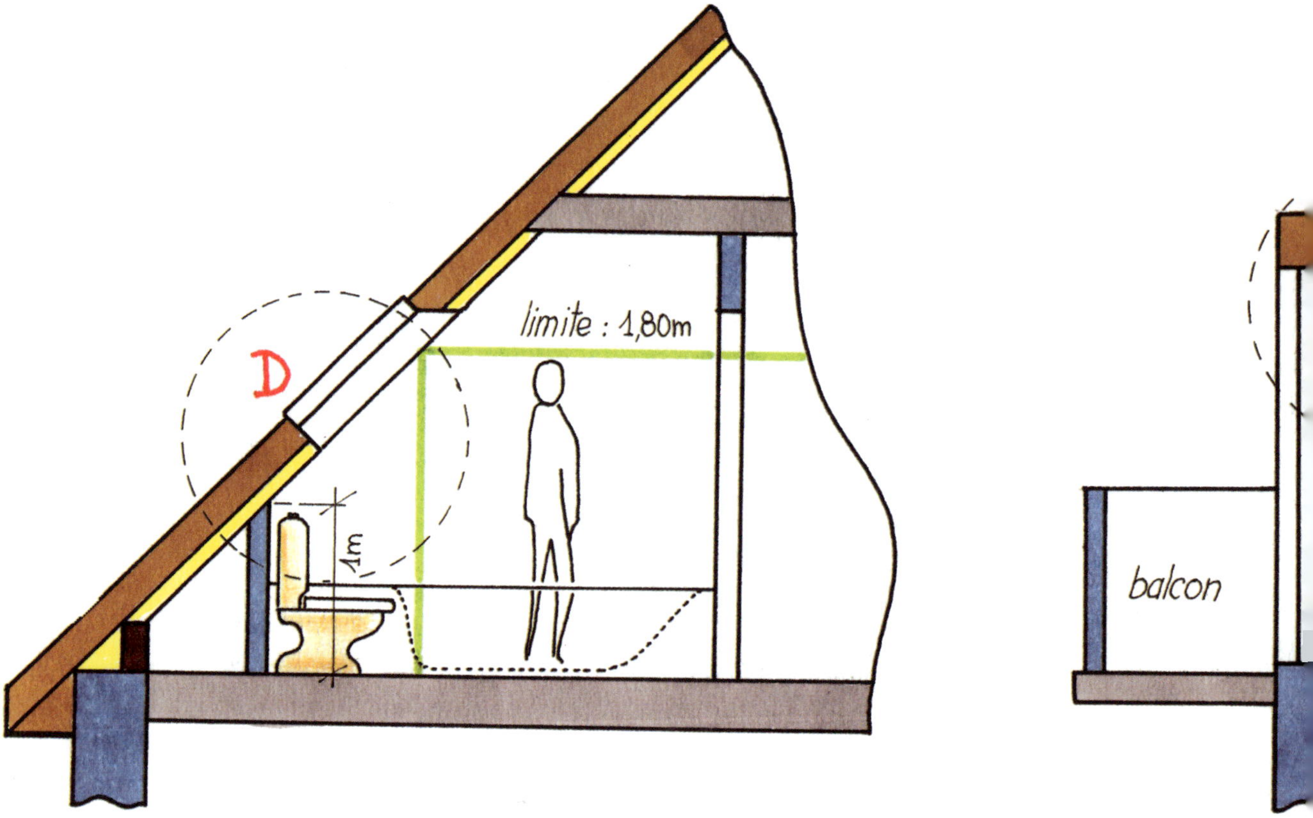

COUPE SUR LA SALLE DE BAINS

H. (Voir plan ci-contre). **La grande lucarne** permettant d'aller sur le balcon **est vitrée sur ses côtés pour apporter au séjour une lumière abondante**. Cela donne à cet espace les qualités d'une « véranda ».

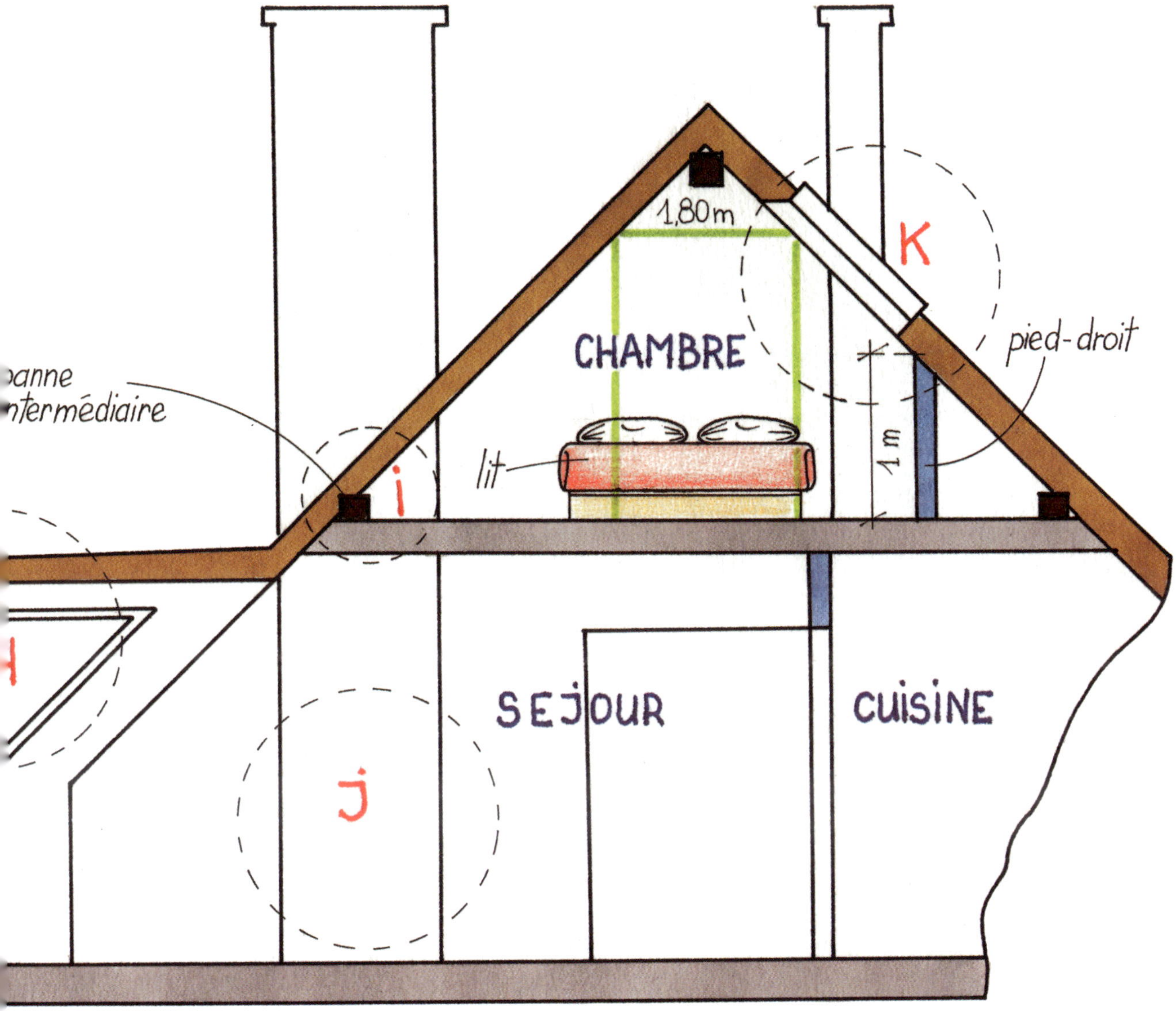

COUPE SUR LE SÉJOUR AVEC SON BALCON

I. Un des côtés de la chambre du niveau 2 n'a pas de pied-droit et **laisse la panne intermédiaire visible**. Ceci **agrandit « visuellement » l'espace** pour ne pas lui donner **les caractéristiques d'un couloir**.

J. La cheminée peut être laissée apparente et **devenir un élément décoratif** de la pièce. Elle peut, si besoin était, **être utilisée et apporter un chauffage supplémentaire** en ajoutant une ambiance agréable.

K. Une fenêtre de toit basculante est placée au-dessus du lit pour éclairer cet espace. Elle permet de voir le ciel de son lit !

LES COMBLES À MOINS DE 45°

Dans cet exemple, **la pente du toit est de 38°**. Les combles sont déjà aménagés en un appartement. Un escalier en façade permet d'y accéder. Il comporte un palier intermédiaire.

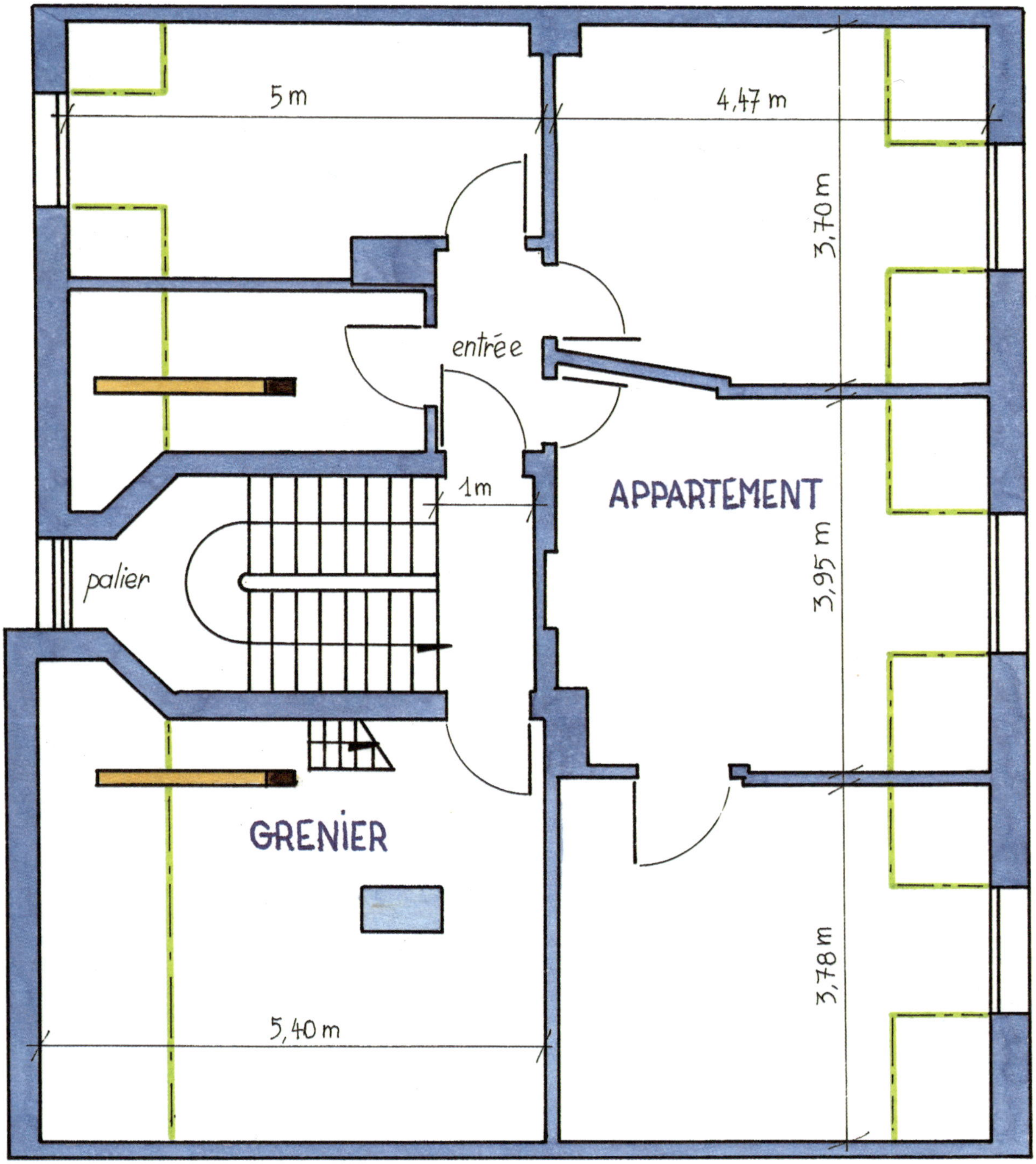

Une seule pièce n'a pas d'ouverture. Elle est située dans un coin des combles et ne communique pas avec les autres pièces qui, elles, forment l'appartement.

On remarque des éléments de charpente apparents dans ce grenier.

La coupe du toit nous montre que **les combles ne sont pas exploitables dans leur partie supérieure**.

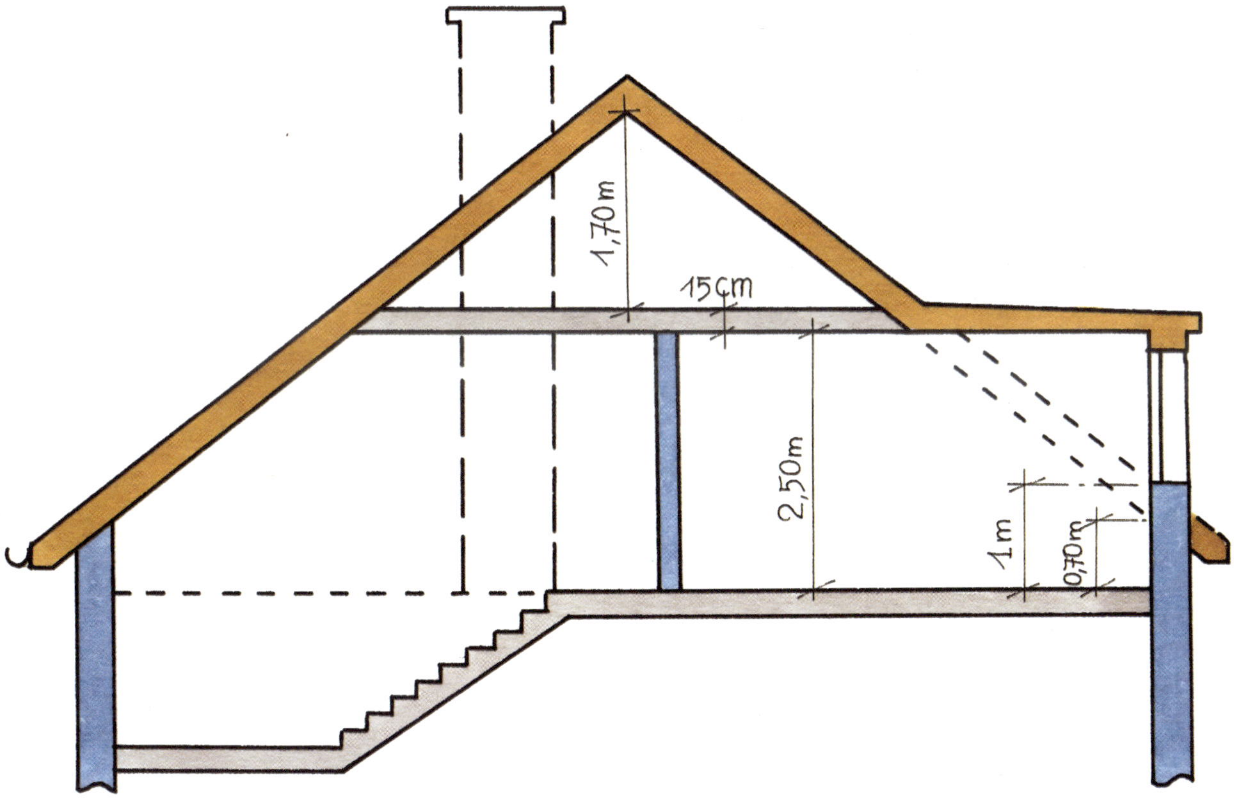

COUPE SUR L'ESCALIER

Malgré les grandes dimensions de cet espace, 12 m x 10,5 m, **une grande partie n'est pas exploitable du fait de la pente du toit et de l'emprise de la cage d'escalier**.

Quatre cheminées traversent les combles.

La charpente ne repose pas directement sur le sol des combles. Elle est placée sur le mur des façades qui remonte après la dalle en formant un pied-droit de 70 cm de hauteur.

TRANSFORMATION DES COMBLES EN UN APPARTEMENT PLUS GRAND

Dans ces combles, l'appartement existe déjà. Il est alors **plus intéressant de concentrer les efforts de réaménagement sur des points précis, plutôt que d'essayer de tout refaire.**

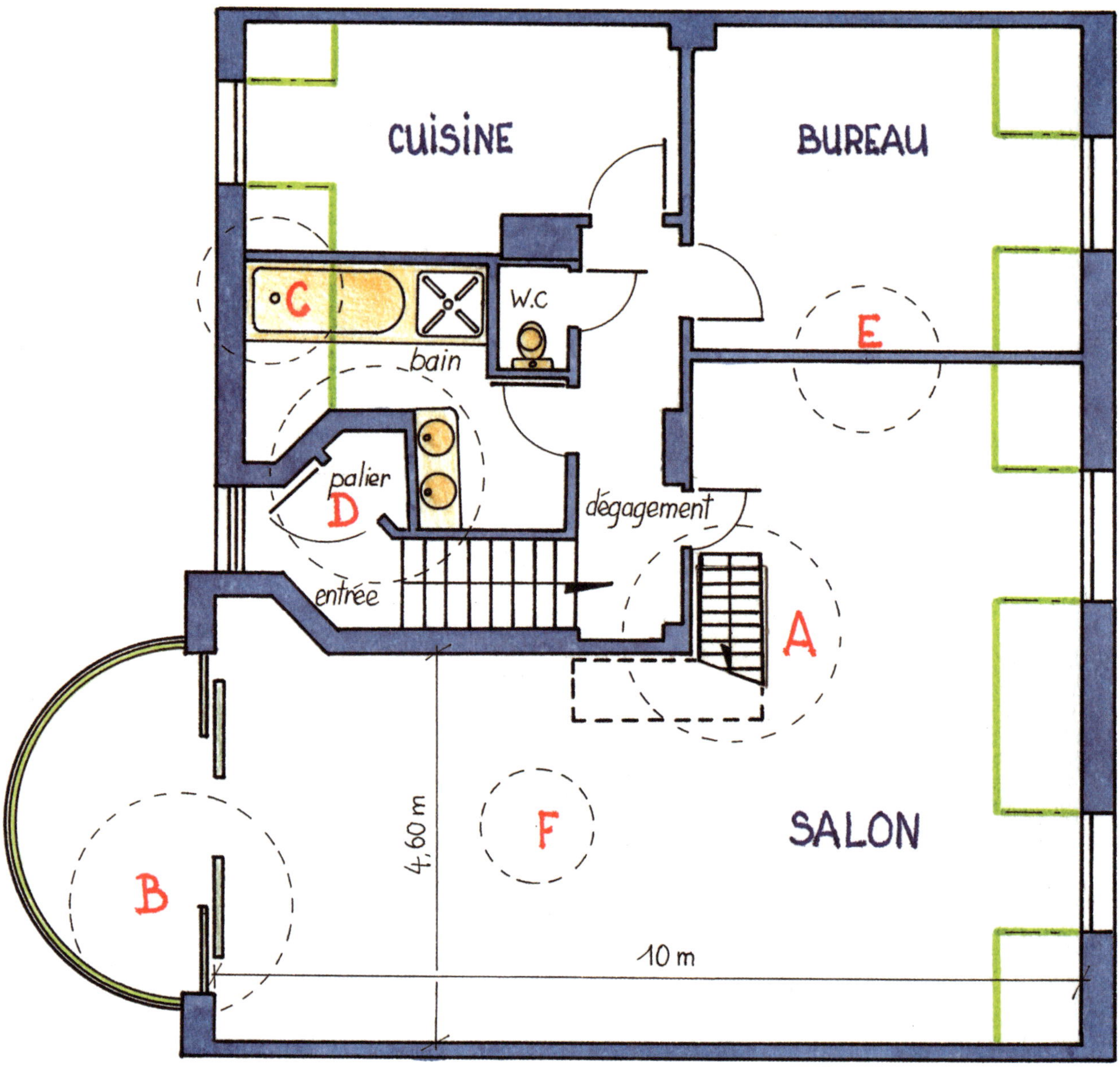

Les pièces de l'appartement existant sont simplement réordonnées, tandis que le gros de la transformation concerne le nouveau salon.

La cuisine n'est pas modifiée.

A. L'escalier qui permet d'accéder au deuxième niveau des combles s'enroule autour de la cheminée. Son emplacement est calculé en fonction de la hauteur nécessaire pour bien le pratiquer (2 m). Il est traité en métal avec un habillage en bois. Le sol du salon est en parquet.

E. La cloison séparant le bureau et la chambre est refaite pour supprimer le « biais » encombrant. L'entrée du salon se fait à présent par le couloir, en face de l'escalier.

B. Pour faire un salon spacieux, le grenier est supprimé. On obtient alors une pièce généreuse de 10 m x 4,60 m. La cheminée n'étant plus utilisée, elle est également démolie (**F.**).

Mais dans ce cas, on ne se limite pas à cela, et pour avoir **un espace encore plus généreux**, **le toit est entièrement réhaussé** au-dessus du salon pour avoir non seulement accès à **un balcon**, mais également à **une nouvelle chambre** dont l'espace habitable est à présent suffisant.

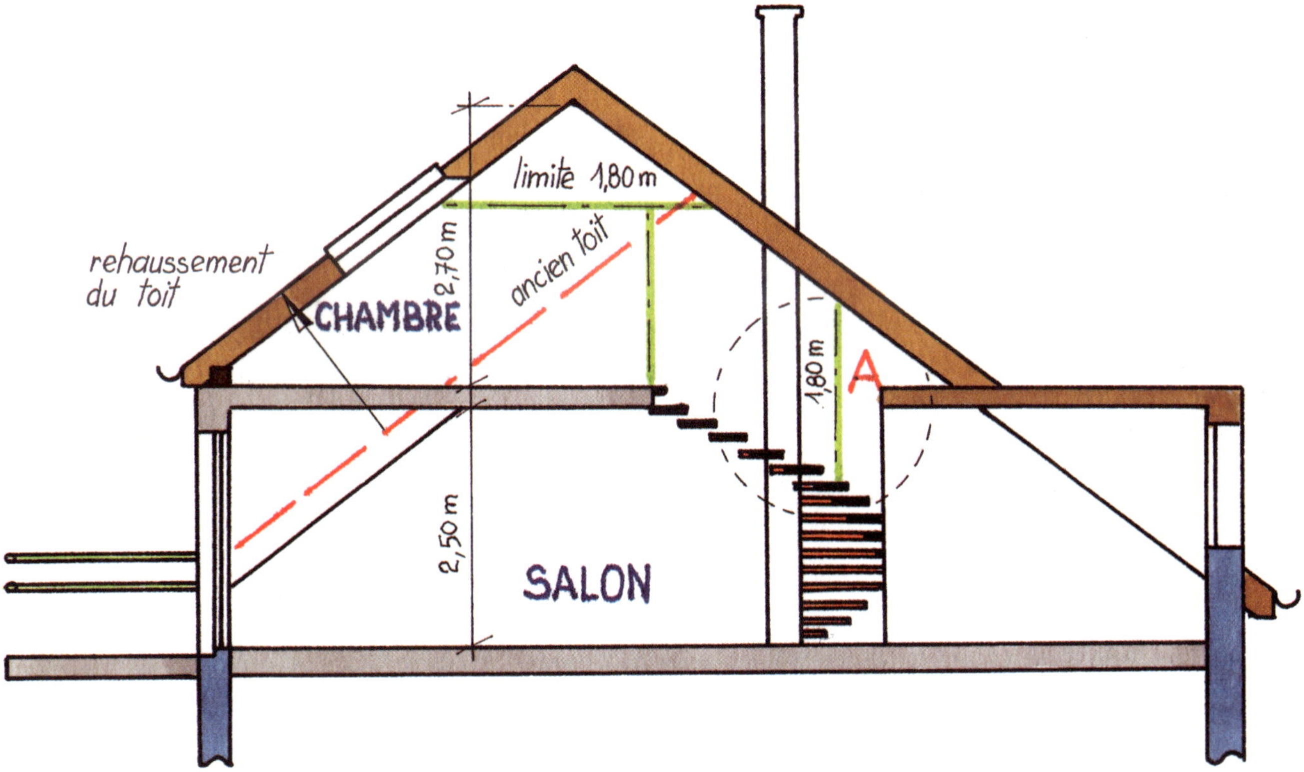

COUPE SUR LE SALON

L'accès à cette nouvelle chambre se fait par un escalier qui se développe à l'angle du dégagement et qui démarre à l'entrée du salon.

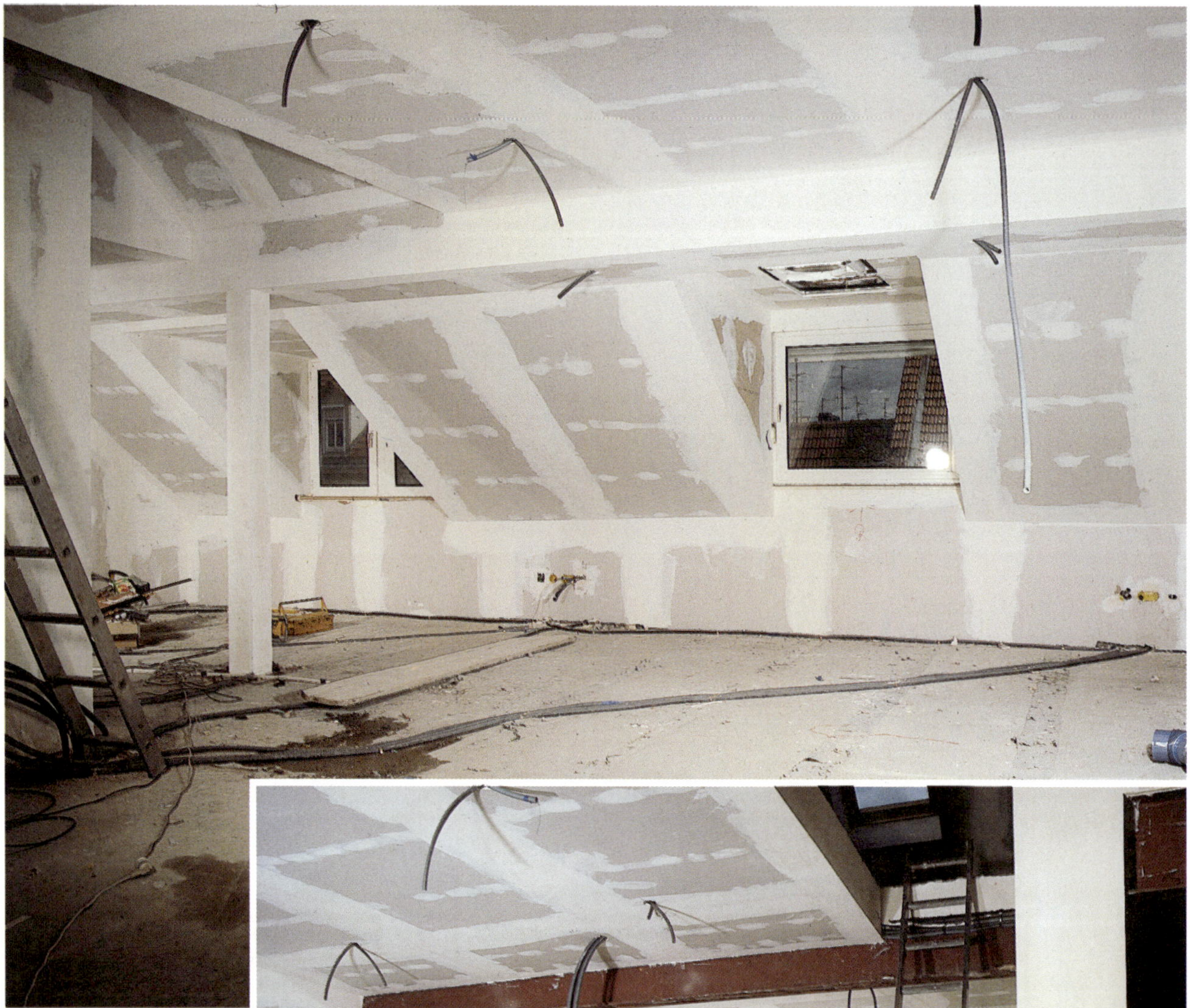

↑ *Vue depuis le balcon sur le salon. L'escalier d'accès aux combles du niveau 2 n'est pas encore installé.*

Appartement en cours de réalisation

→
Vue sur la baie vitrée donnant accès au balcon.

Chambre en combles, niveau 2.

↓ *Trémie d'accès aux combles, vue du niveau 1 de l'appartement.*

Trémie d'accès aux combles, vue depuis le niveau 2 de l'appartement.

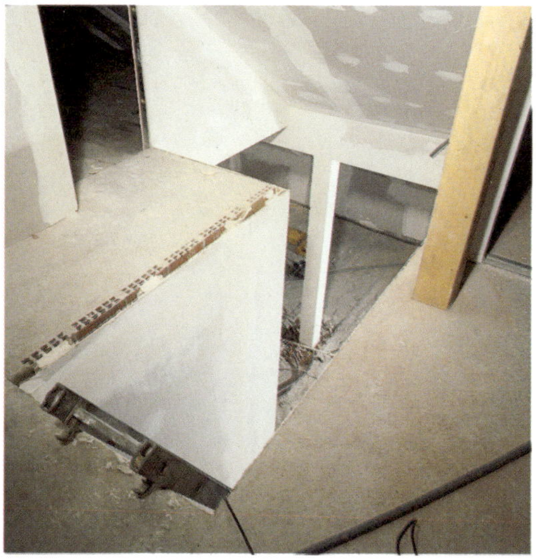

AXONOMÉTRIE DU REHAUSSEMENT DU TOIT ET DU BALCON CRÉÉ

On peut remarquer que **le rehaussement du toit** s'appuie sur un mur remonté en prolongeant le mur de façade. **Une large baie vitrée de 4 m** y est placée et permet d'accéder à **un balcon en forme de demi-cercle**.

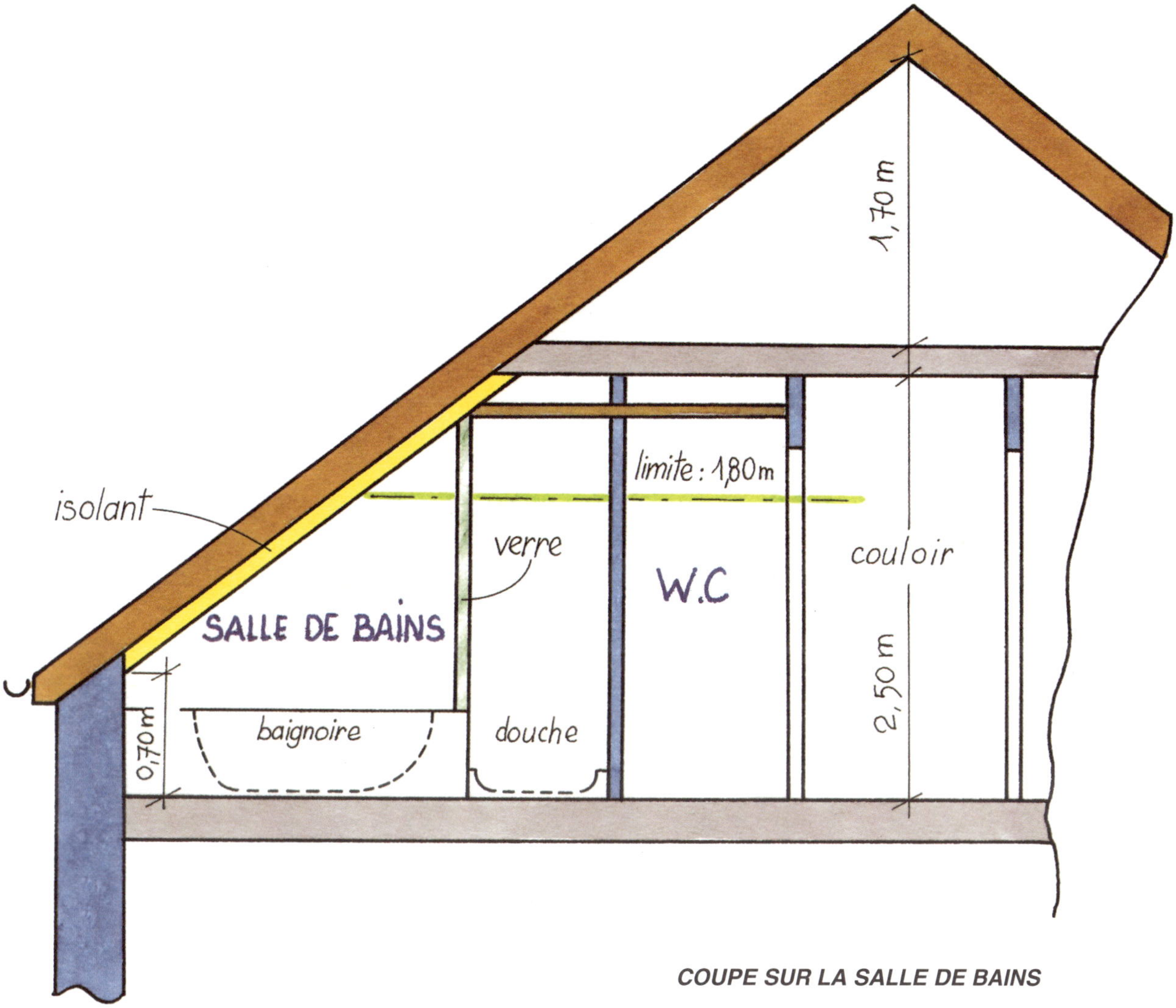

COUPE SUR LA SALLE DE BAINS

Dans la salle de bains, on a placé **une douche** et **une baignoire**. **Elles sont accolées l'une à l'autre** et **une paroi en verre** fait la séparation. Malgré le pied-droit bas (70 cm), **la baignoire trouve sa place sous le rampant**.

Un faux plafond permet d'intégrer l'éclairage de la pièce.

La dalle des combles est prolongée au-dessus de l'escalier pour agrandir l'espace.

←
Photos d'ensemble et gros plan sur la rehausse du toit et la réalisation d'un balcon demi-circulaire.

D. Un travail particulier est apporté sur le traitement de l'entrée. Elle se situe maintenant sur le palier intermédiaire. La dalle qui se prolonge se termine par une **cloison inclinée** qui laisse une hauteur suffisante pour l'escalier et affirme bien l'entrée de l'appartement.

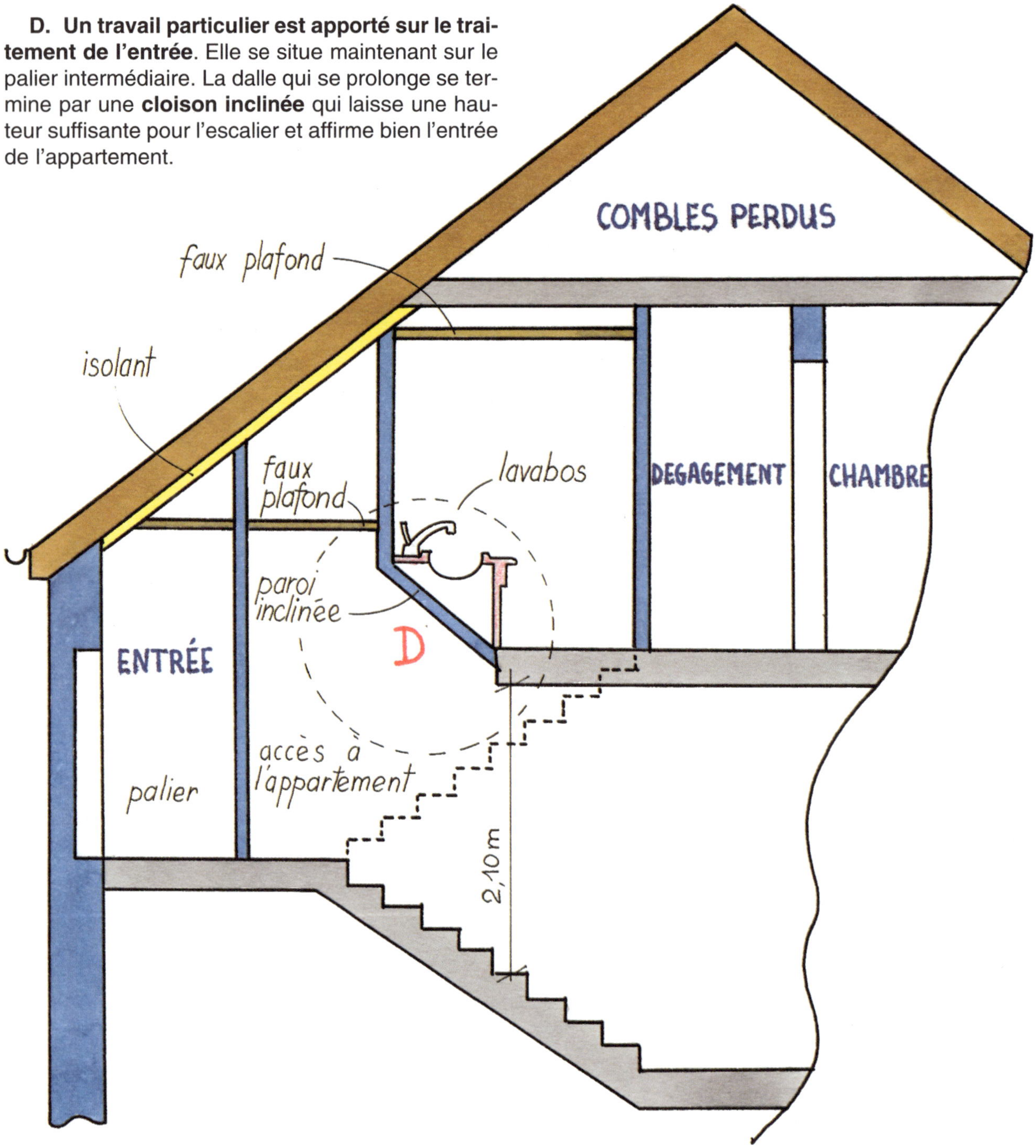

COUPE SUR LA SALLE DE BAINS ET SUR L'ENTRÉE

Au-dessus de la cloison inclinée, une tablette qui sert de support aux lavabos de la salle de bains est installée. **L'espace est alors utilisé au maximum.**

Dans cet aménagement, **les détails de réalisation** sont **très importants**, car ils sont **la clé du nouveau fonctionnement** et de la **meilleure utilisation de ces combles**.

Entrée de l'appartement vue du palier extérieur.

La paroi inclinée vue du palier intérieur.

Paroi inclinée de la salle de bains et accès à l'appartement vus du palier privatif.

Dégagement intérieur avant la pose de la cloison vitrée et de l'escalier.

Vue partielle du salon avec son escalier qui se développe autour de l'angle extérieur du dégagement pour donner accès à la nouvelle chambre créée grâce à la rehausse du toit.

←
Salle de bains en cours d'exécution créée dans la partie récupérée au-dessus de l'accès à l'appartement.

↓ *Salle de bains exécutée avec double vasques intégrées dans un plan de travail en stratifié.*

LES COMBLES À PLUS DE 45°

EXEMPLE DE COMBLES DE PENTE 48°

Dans cet exemple, **les combles ont une toiture de pente 48°**. La dimension au sol est de 9,70 m sur 7 m.

Ils sont constitués de **trois greniers** dont un plus grand que les deux autres. Là aussi, **une cheminée traverse l'espace**.

L'accès se fait par un escalier placé contre la façade et distant de 2,50 m du mur pignon.

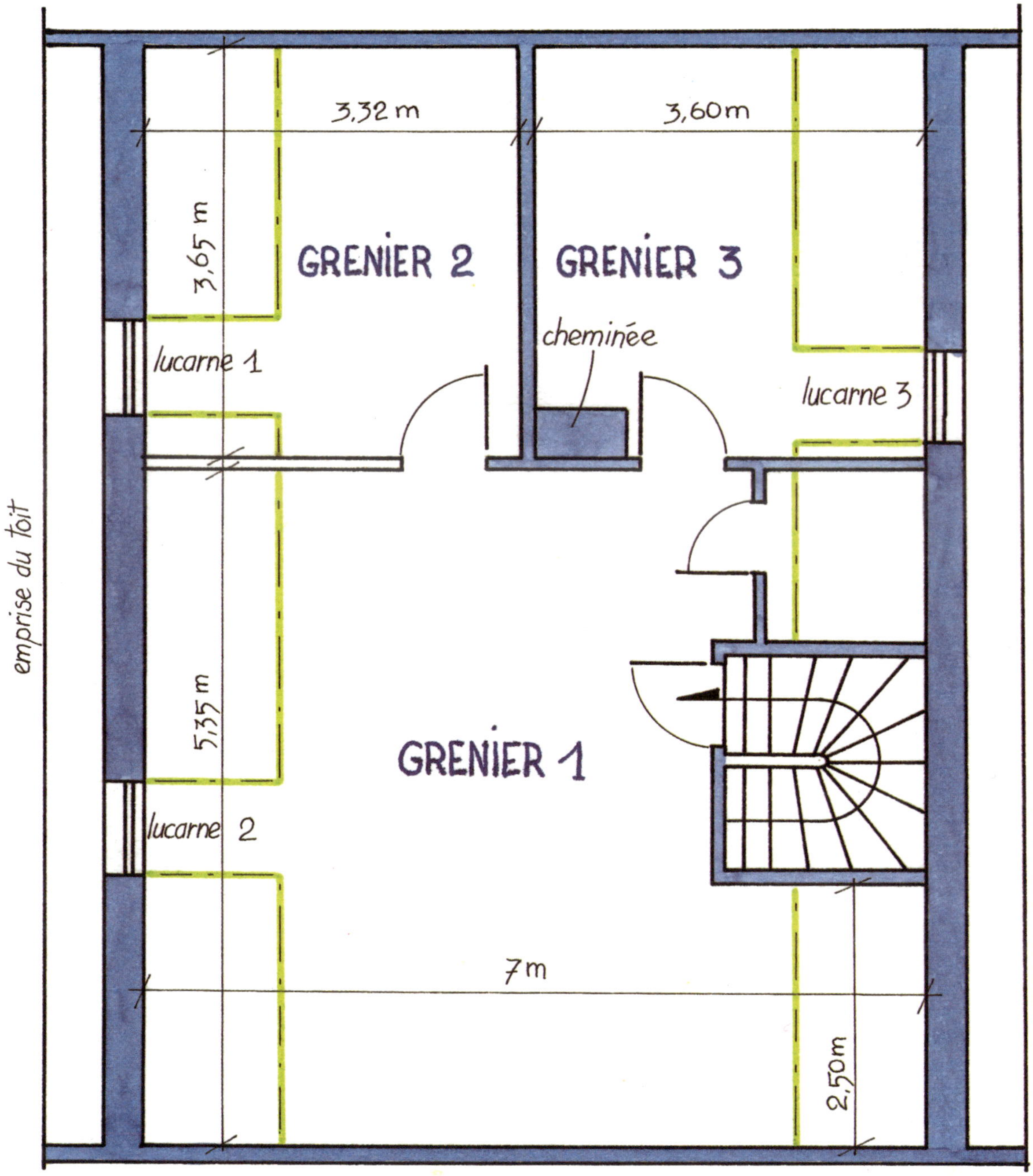

La charpente est tenue par **trois fermes** et repose sur les murs des bâtiments, qui forment un pied-droit de 40 cm de haut.

Les toitures de plus de 45° offrent souvent l'avantage d'un deuxième niveau dans les combles. Mais dans ce cas, ce n'est pas possible vu la largeur du bâtiment : 7 m. En effet, la partie supérieure des combles n'a qu'**une hauteur de 1,72 m, inexploitable pour un aménagement**.

Un des inconvénients de cet espace est l'emplacement de l'escalier. Ni vraiment central, ni vraiment dans un angle, il ne permet pas d'exploiter le grenier en deux parties égales.

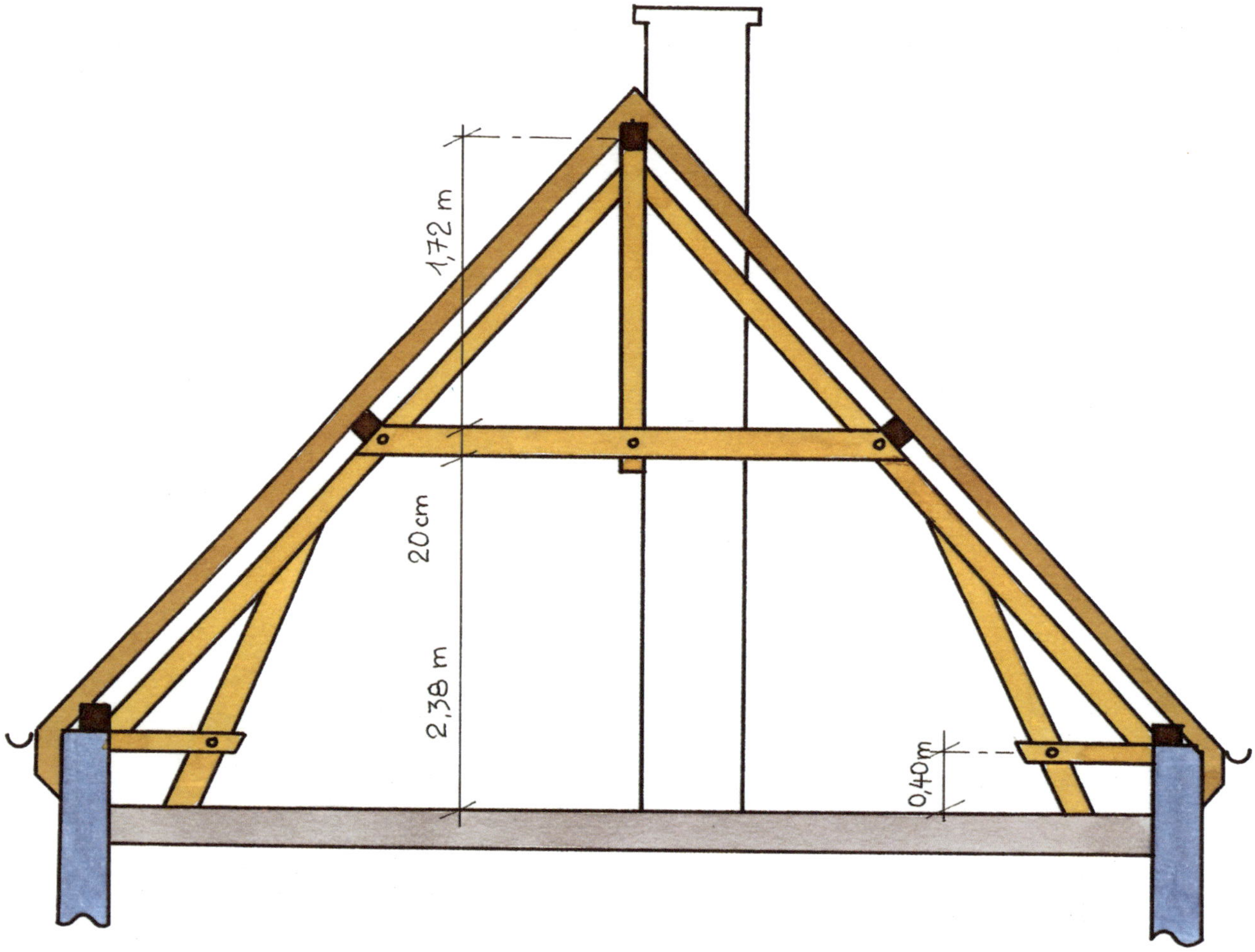

COUPE SUR LES COMBLES

Transformation des combles en deux studios

La transformation effectuée ici est **l'aménagement de deux studios**. Ils ont l'avantage dans ce cas d'avoir chacun un vrai coin repas/cuisine permettant d'installer une table. Les salles de bains sont deux espaces petits et fonctionnels.

L'espace principal est généreux.

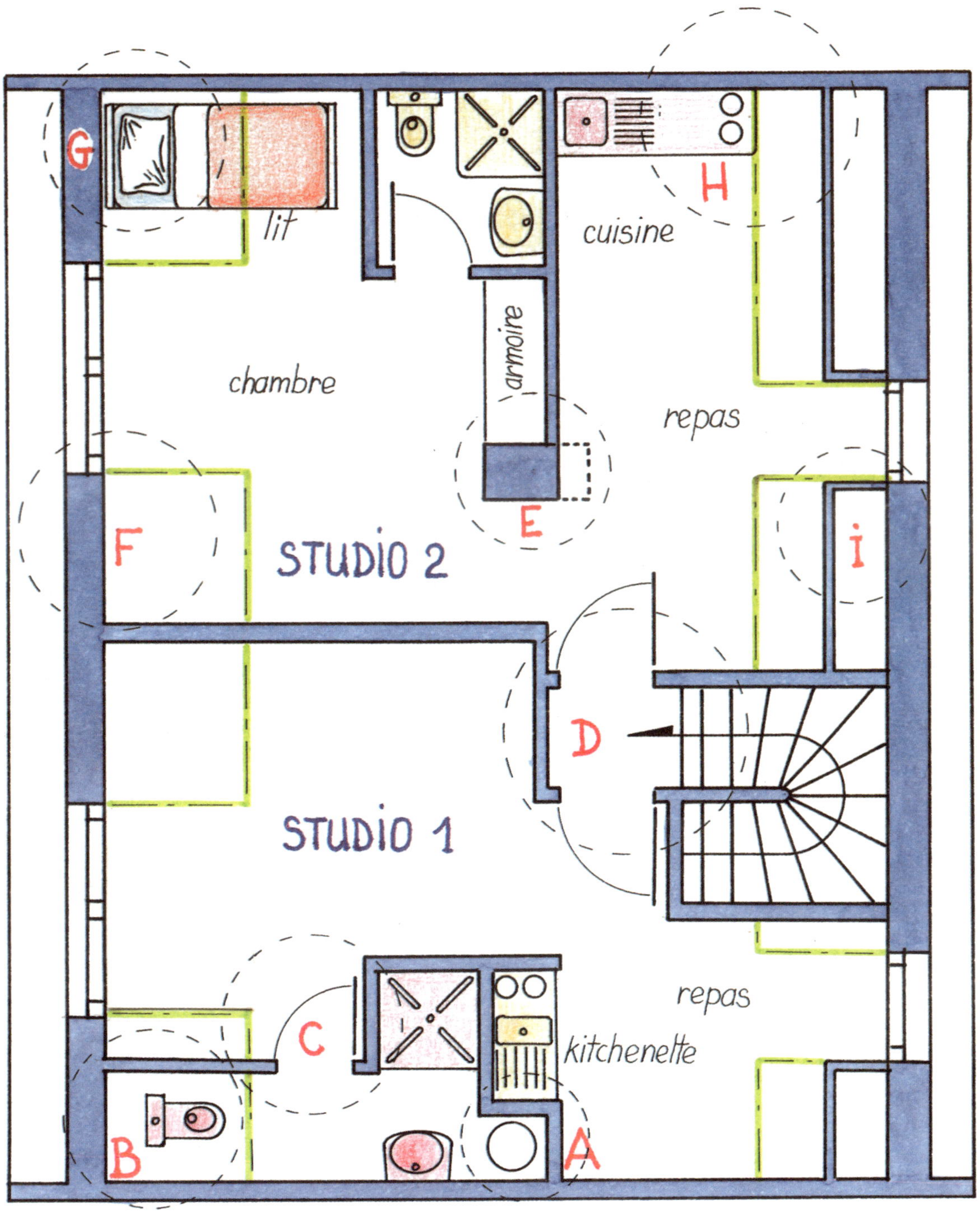

L'escalier arrive sur un palier de petite surface qui dessert les deux studios (**D.**). Voir plan page 77.

Le studio 1 est constitué **de deux parties, le séjour et la cuisine, sans séparation réelle**, de façon à **ouvrir l'espace au maximum**.

La cuisine est équipée d'**une kitchenette** et prend place dans l'espace situé entre l'escalier et le mur pignon. La petite dimension de 2,50 m suffit pour faire un coin repas.

Le séjour est éclairé par **une grande lucarne créée à cette occasion** à la place d'une lucarne existante beaucoup plus petite.

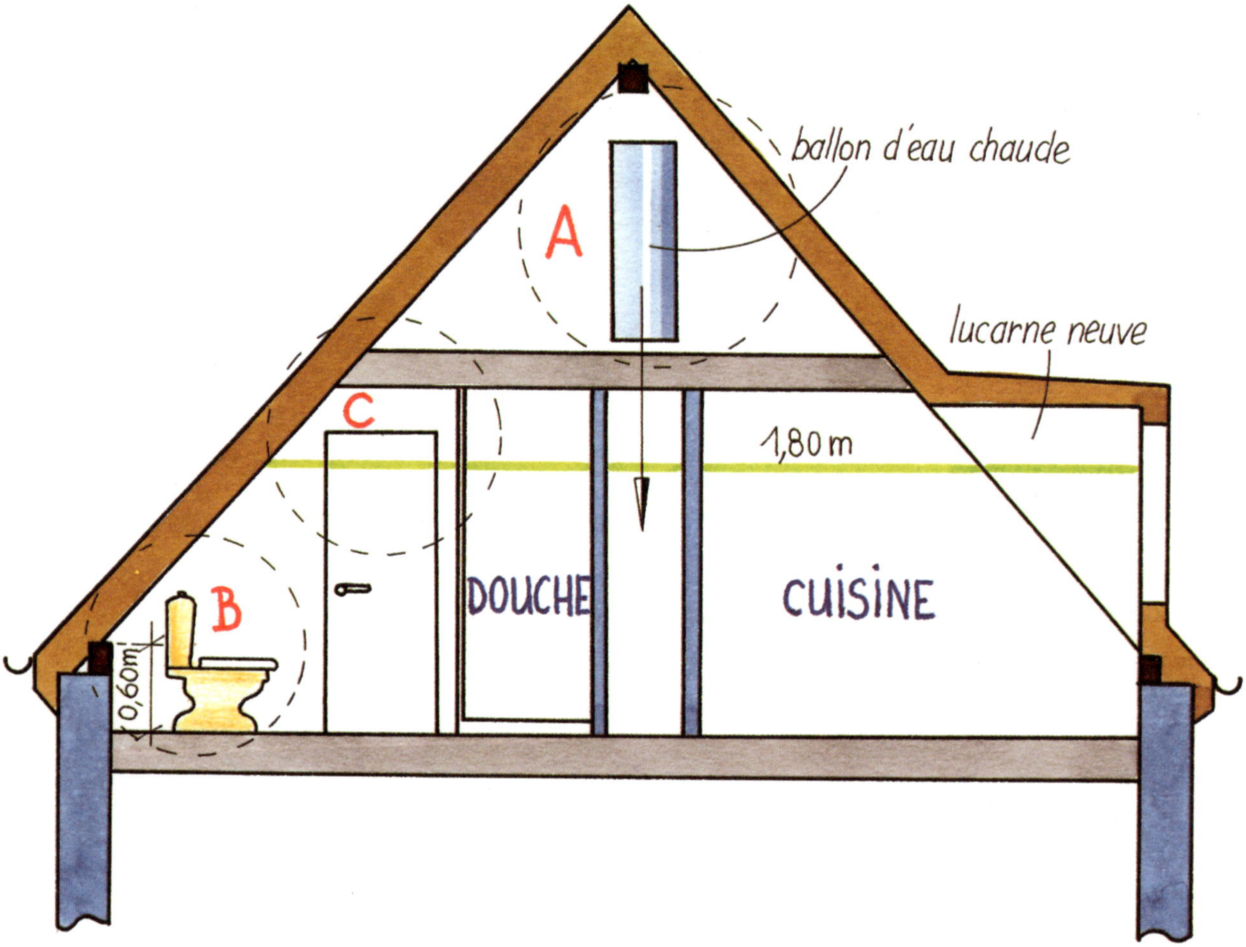

COUPE SUR LE STUDIO 1

La salle de bains est placée dans un espace « petit » (**C.**) dont la porte d'accès donne sur le séjour.

B. Le pied-droit n'autorise pas de placer le W.C. contre la paroi (hauteur de 0,60 m trop petite !), il est donc décalé.

A. Le ballon d'eau chaude de 150 litres **est placé dans les combles supérieurs** pour ne pas perdre de place !

Le studio 2 est également composé de deux parties ouvertes, le séjour et la cuisine.

G. Le lit est placé près d'un pied-droit pour ne pas perdre d'espace.

H. La cuisine est placée contre le mur pignon mais **les éléments sont situés dans l'espace habitable** (1,80 m) pour ne pas être gêné dans son utilisation.

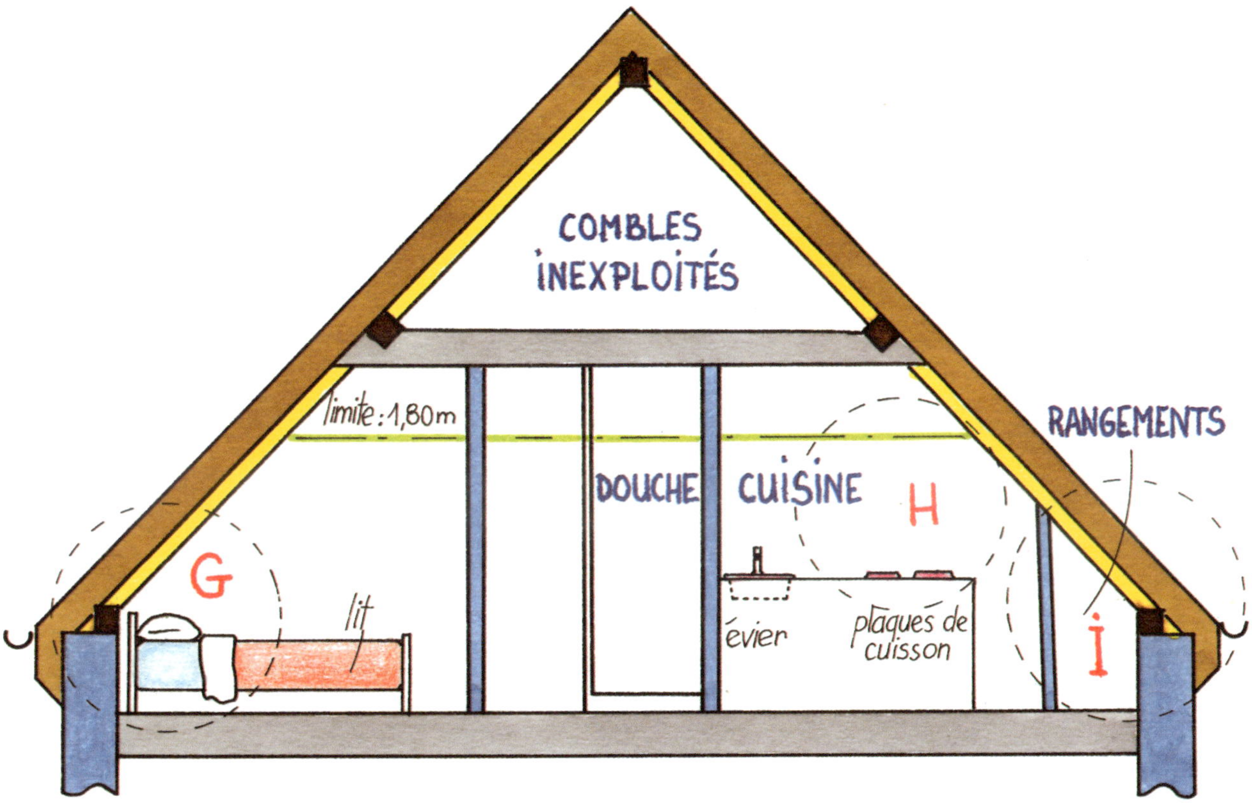

COUPE SUR LE STUDIO 2

I. Les pieds-droits des combles **étant bas, ils sont équipés de rangements** jusqu'à une hauteur de 1,30 m.

Comme dans bon nombre d'aménagements des combles, **les endroits sont utilisés au maximum pour ne pas perdre d'espace**. **Les rangements astucieux dans les pieds-droits** sont ici un exemple de **rentabilisation de l'espace**.

F. Le pied-droit naturel est bas mais ajouter une cloison pour avoir des pieds-droits d'1 m minimum serait ici superflu.

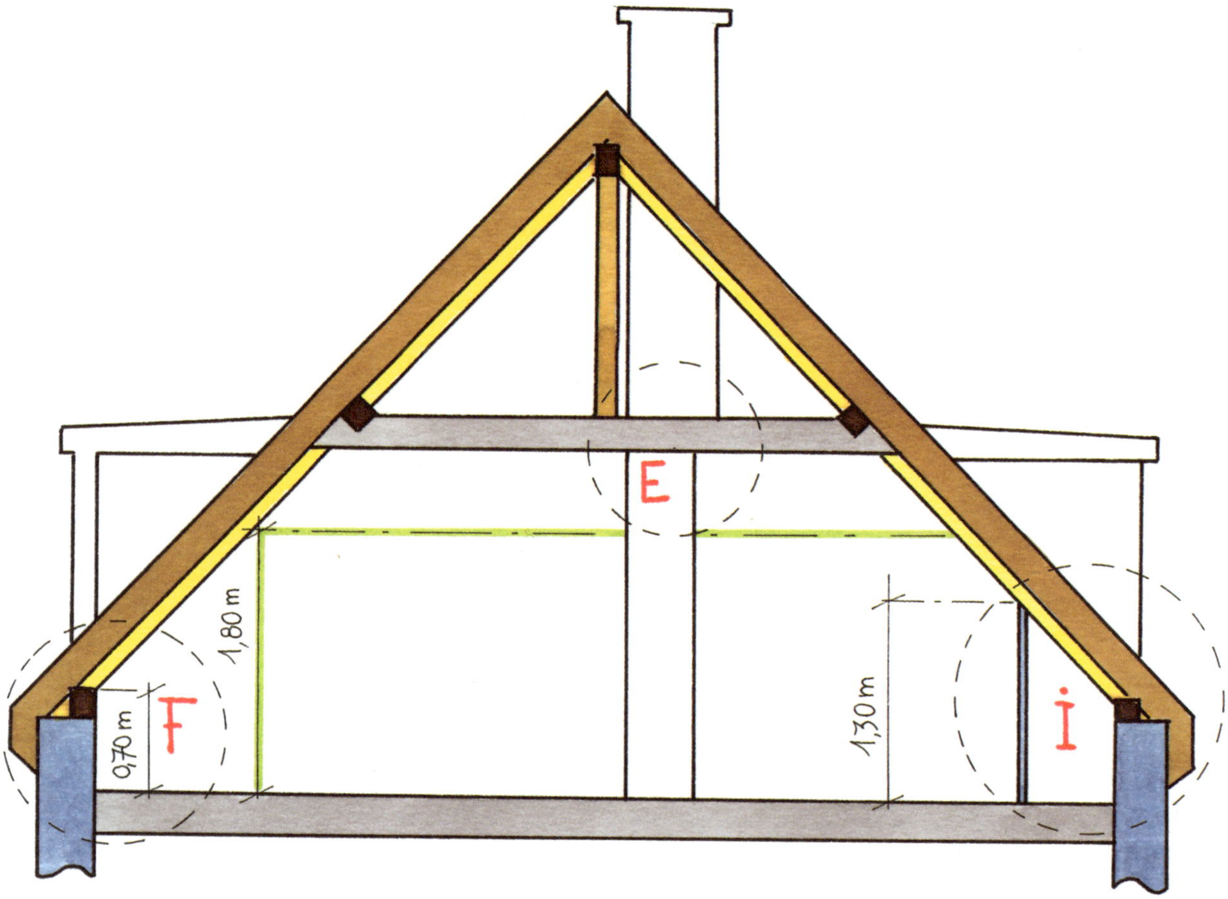

COUPE SUR LE STUDIO 2

E. La cheminée a été réduite pour que son emprise au sol soit moins grande.

Avant de supprimer ou de réduire une cheminée, il faut toujours bien se renseigner sur celle-ci : **est-elle exploitée ou exploitable** ?

À titre indicatif (non visible sur la coupe), **on a aménagé une armoire** entre la cheminée et la salle de bains **pour gagner de l'espace dans le séjour**.

EXEMPLE DE COMBLES DE PENTE 52°

Cet exemple traite **de combles de pente 52°**.

Au contraire des autres cas, ces combles sont entièrement vides. **Les contraintes sont vite mises à jour : une grosse cheminée centrale, un escalier d'accès dans un angle, deux poteaux de structure, une forme en longueur** : 11 m x 5,50 m.

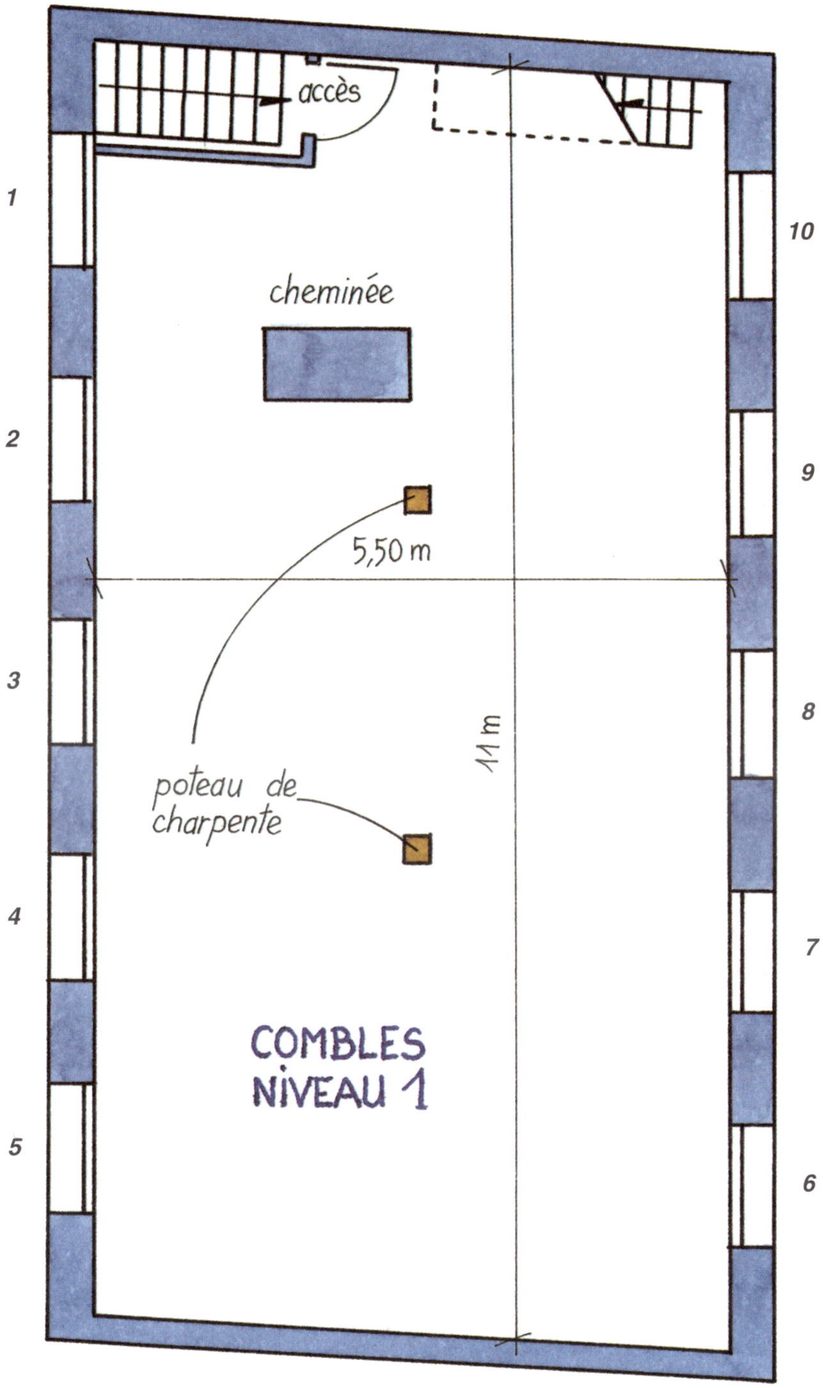

PLAN NIVEAU 1

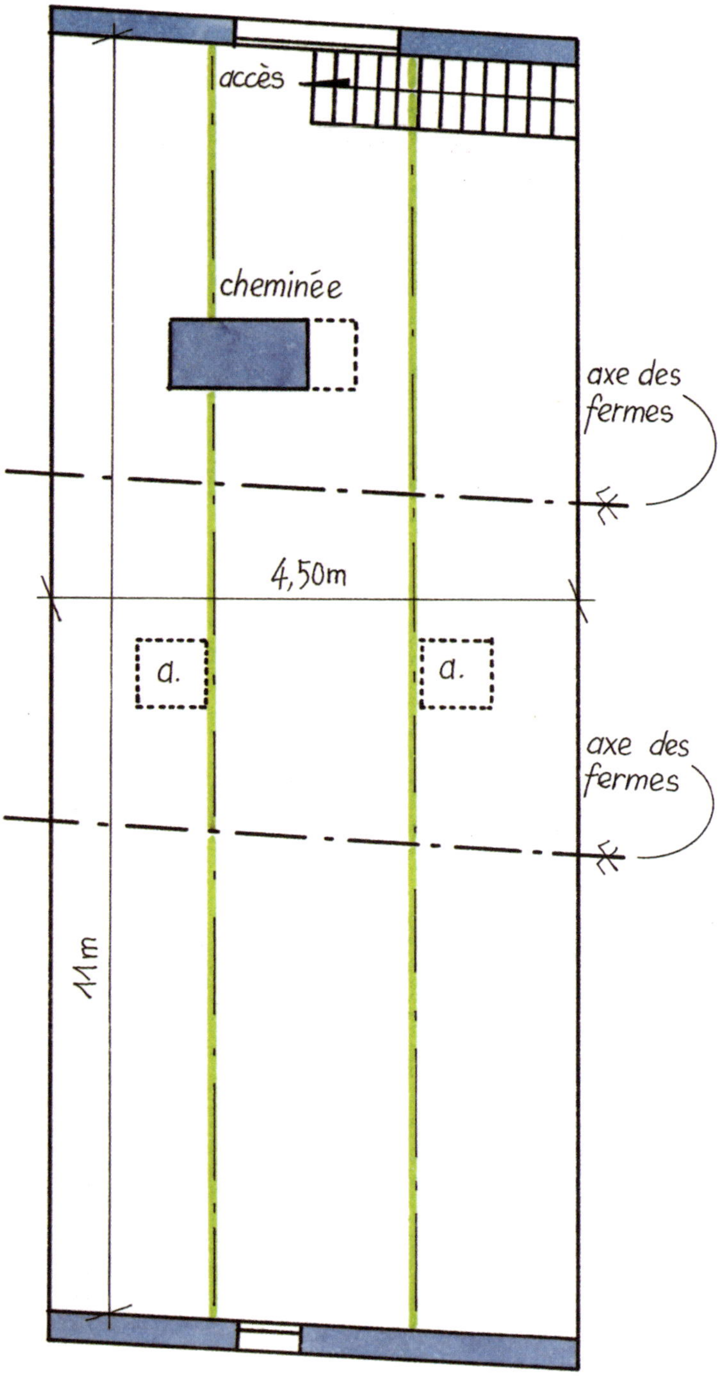

PLAN NIVEAU 2

Les combles comportent deux niveaux. Le deuxième niveau, tout aussi vide que le premier, est ouvert sur les deux pignons.

La cheminée de grande dimension (1,20 m x 0,60 m) **est déviée dans sa partie supérieure** avant de sortir du toit.

En plus des deux fenêtres en pignon, il y a deux fenêtres de toit basculantes (**a.**).

La coupe nous montre **la particularité de la charpente** : elle prend **assise sur les murs de façade avant le plancher** des combles.

Ces combles ont la **particularité d'être étroits** (5,50 m), ce qui donne **une difficulté supplémentaire dans leur exploitation**. Le deuxième niveau n'offre qu'un espace habitable de 1,80 m de largeur pour 11 m de long. Mais le premier niveau des combles **est largement éclairé en façade** par 10 fenêtres de grande taille.

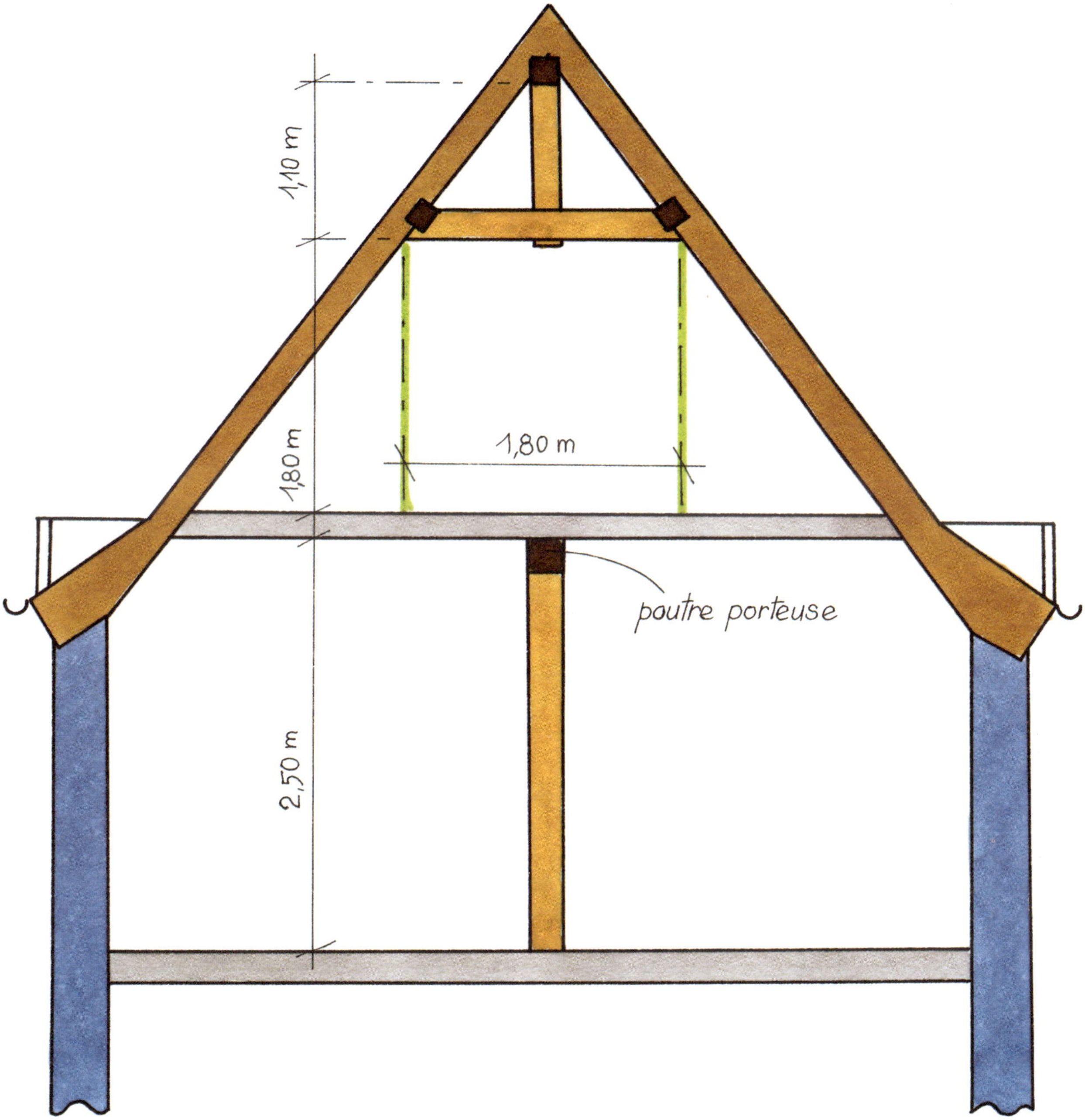

COUPE TRANSVERSALE

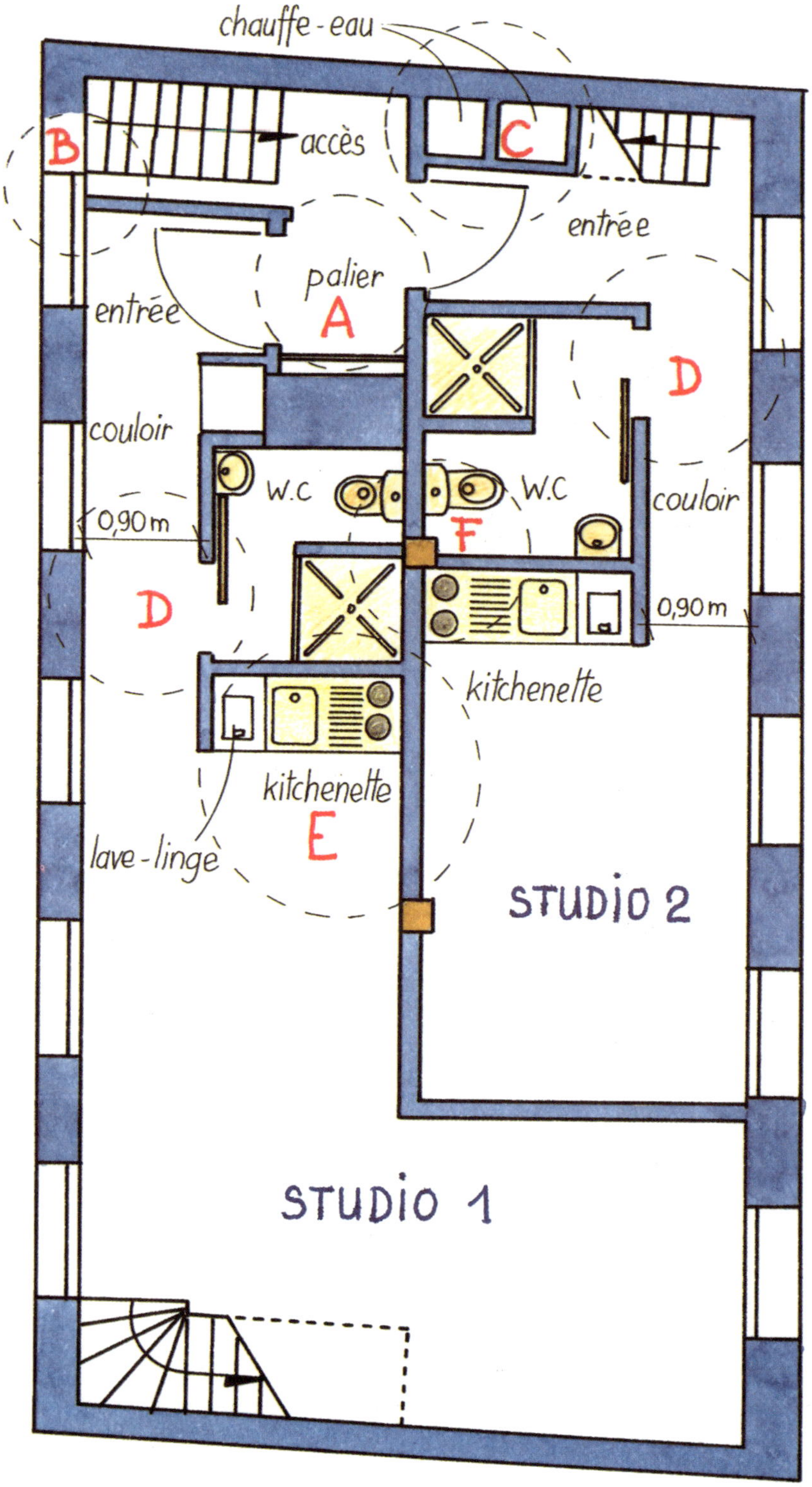

PLAN NIVEAU 1

Transformation des combles en deux studios

L'aménagement des combles en deux studios exploite les deux niveaux. Chacun est traité en « duplex ». **La difficulté réside dans la séparation des combles**, alors que l'accès est contre un de ses pignons.

A. Le palier est petit et **directement après l'escalier d'accès**. Chaque studio dispose alors **d'une entrée**.

Pour le studio 1, **un couloir** permet d'accéder à la pièce principale en longeant la façade.

La salle de bains est accessible par ce couloir.

B. La cloison qui sépare le studio 1 de la cage d'escalier passe dans la fenêtre pour donner un peu de lumière au palier.

C. Les chauffe-eau sont placés sous l'escalier d'accès du deuxième niveau du studio 2 pour gagner de la place. Un est accessible du palier.

D. Pour **ne pas encombrer le couloir des studios, la porte de la salle de bains est coulissante**. Le couloir a une largeur de 90 cm qui est suffisante pour un bon passage.

E. Une kitchenette est installée avec un lave-linge de 45 cm de large.

La séparation des deux studios se fait au niveau des poteaux de charpente.

Le deuxième niveau est séparé en deux parties inégales équilibrant les surfaces des deux studios.

L'accès se fait pas **un escalier rejeté en pignon**.

Il est **très difficile d'aménager** ce genre de combles, **c'est pourquoi le bloc sanitaire** (salle de bains + cuisine/ kitchenette) **est placé près de l'entrée pour ensuite libérer l'espace**.

F. Le détail de la cloison de séparation des deux studios au premier niveau montre comment utiliser un poteau de charpente. Le parement est double et une des plaques de plâtre vient cacher le poteau d'un côté.

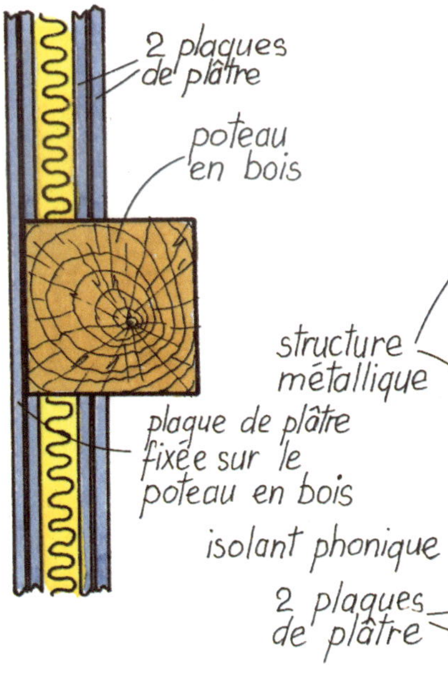

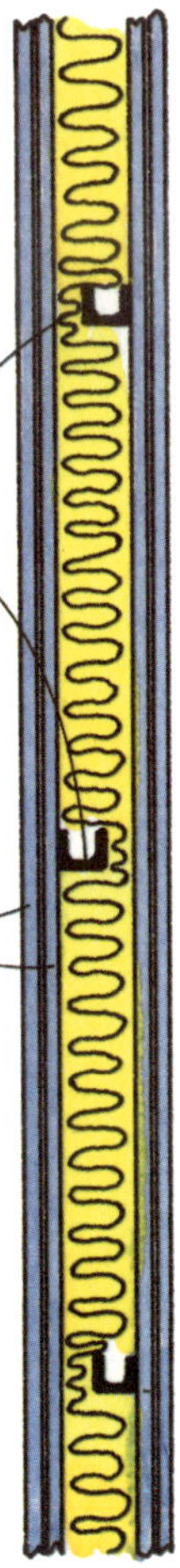

H. Au deuxième niveau, la séparation des deux chambres se fait par une cloison composite de 144 mm d'épaisseur. Le parement en plaque de plâtre est doublé pour plus de rigidité.

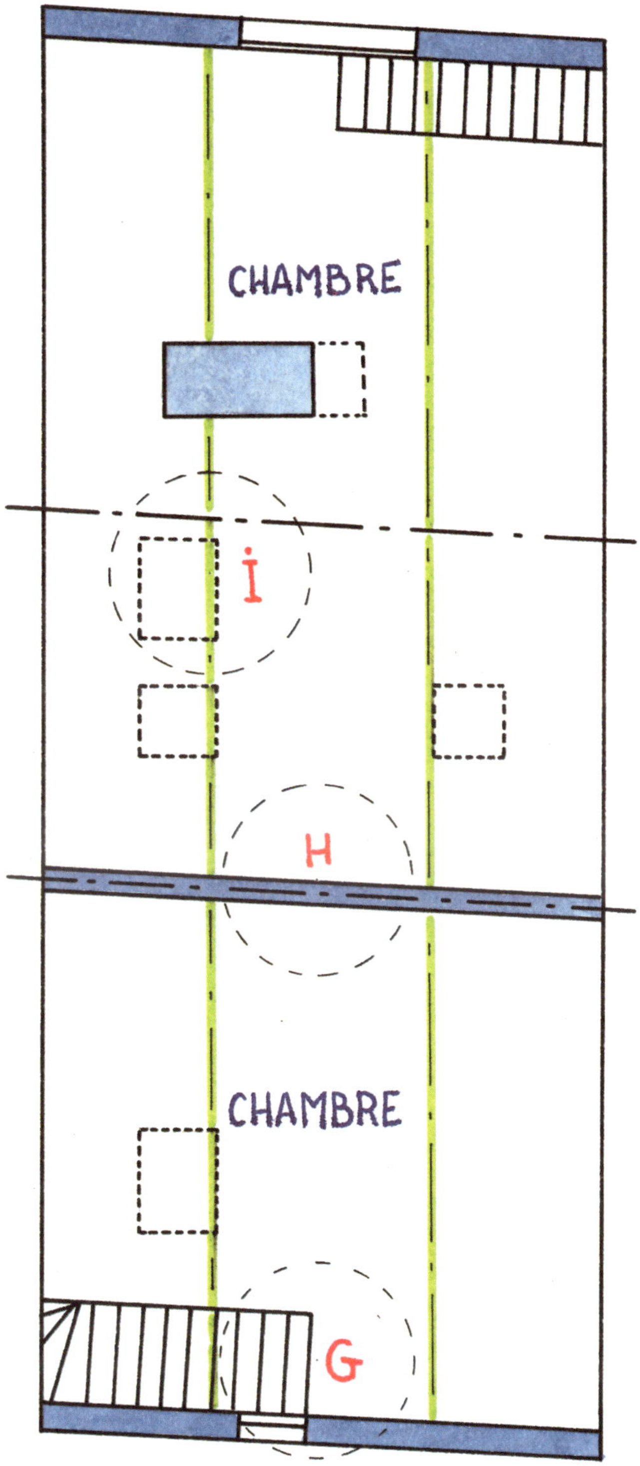

PLAN NIVEAU 2

I. Une fenêtre de toit basculante est installée dans chaque chambre pour amener de la lumière. Les pannes intermédiaires étant à 1,80 m du sol, ces fenêtres seront basses. Il conviendra d'y adjoindre un garde-corps afin de respecter les normes de sécurité.

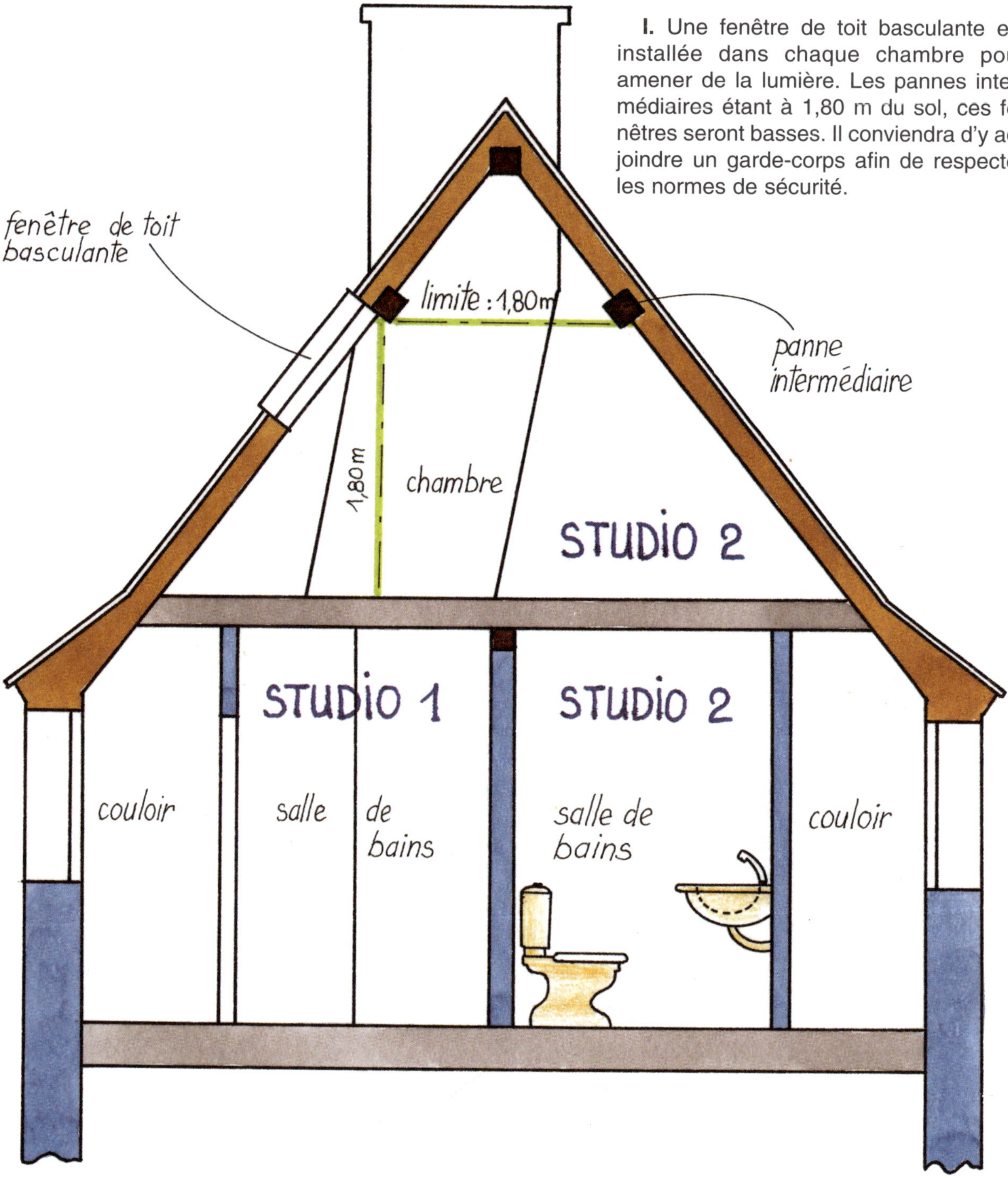

COUPE SUR LES SALLES DE BAINS

D. Pour ne pas encombrer le couloir des studios, la porte de la salle de bains est coulissante. Le couloir a une largeur de 0,90 m qui est suffisante pour un bon passage.

D. Détail de la porte coulissante de la salle de bains du studio 1.

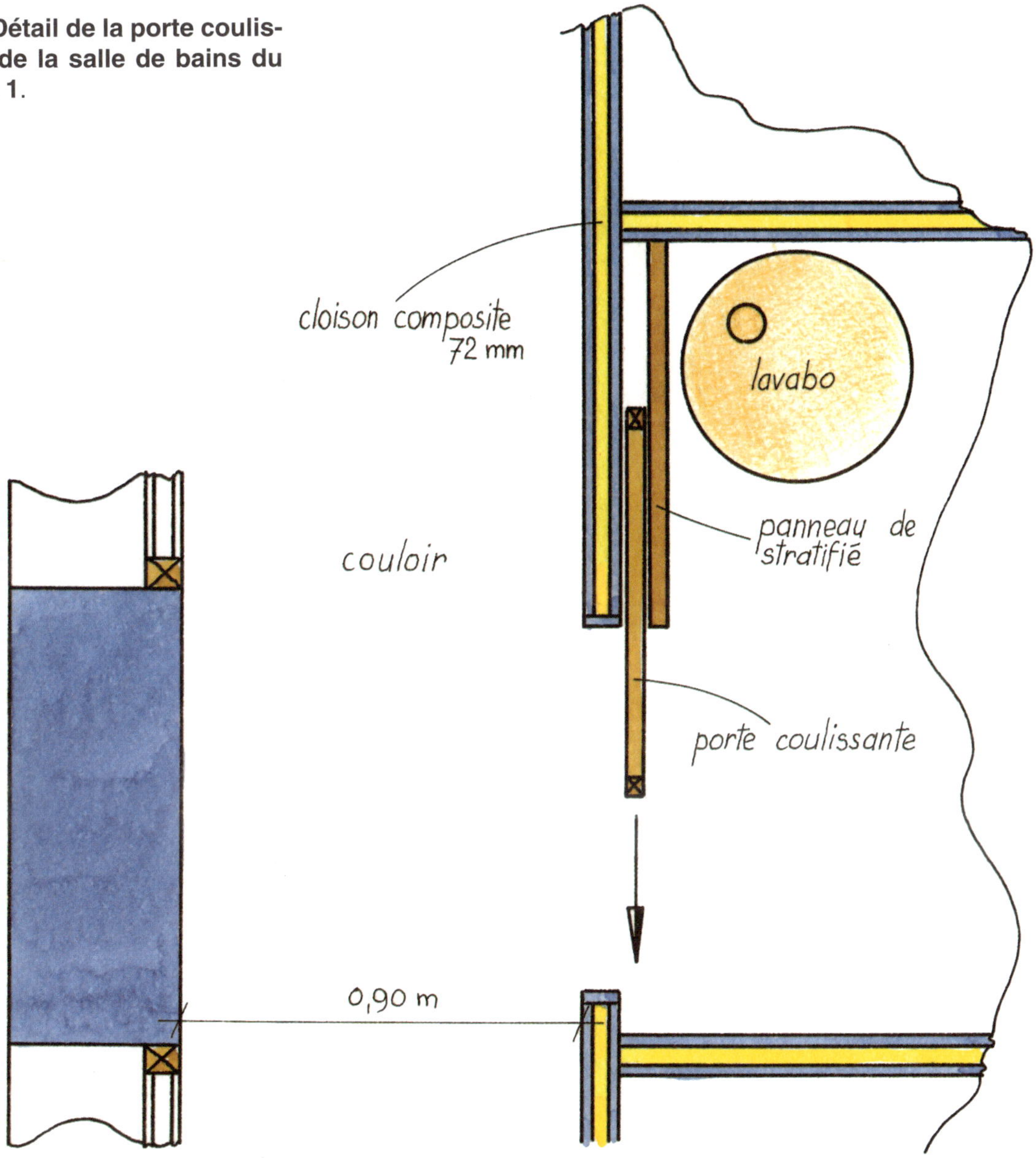

D. Le détail nous montre que la porte coulissante est cachée par un panneau de stratifié dans la salle de bains. Ceci permet à la fois de cacher la porte et d'utiliser la paroi comme support de lavabo ou d'une glace.

Les cloisons sont traitées en paroi composite de 72 mm d'épaisseur.

G. La place de l'escalier est très importante. L'espace habitable étant restreint au second niveau, il faut arriver à un endroit où l'on perd le moins de place tout en restant pratiquable.

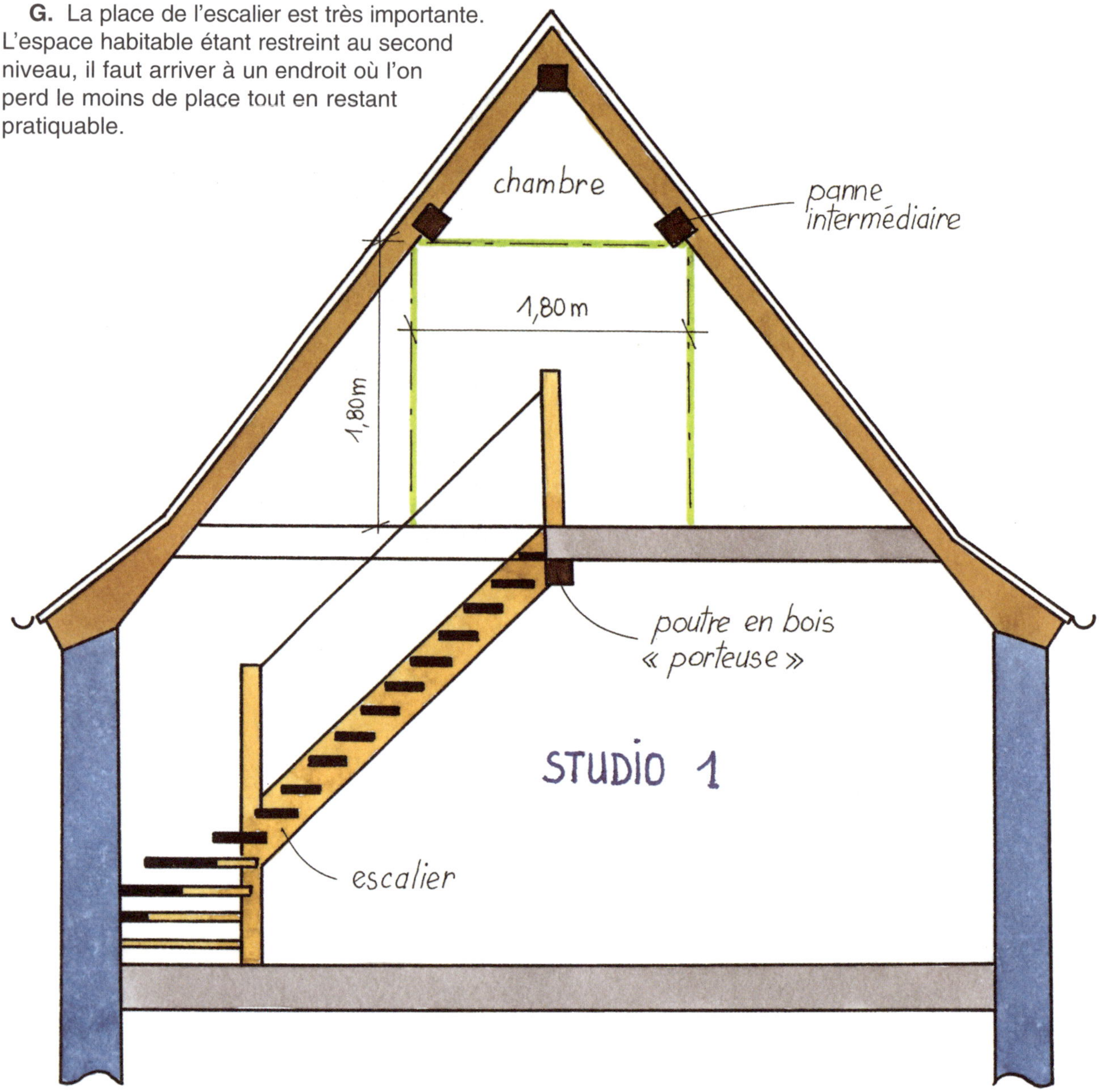

COUPE SUR LE STUDIO 1 : L'ESCALIER

Au deuxième niveau, aucun pied-droit n'est monté pour ne pas donner aux chambres un effet de couloir. La gêne est moindre vu la pente de la toiture.

La réalisation de cet aménagement est faite pour utiliser au mieux ces combles. Les matériaux utilisés sont légers et vite mis en œuvre.

LES COMBLES À 57°

Dans cet exemple, **les combles sont à forte pente (57°)**. On y accède par un escalier placé contre un des pignons et isolé de l'étage inférieur par une cloison en bois. Un pied-droit de 90 cm permet une bonne utilisation du premier niveau, et **la hauteur sous le faîte de 5,90 m autorise l'aménagement d'un deuxième étage**. Une grande cheminée de 70 x 40 cm est placée au centre de l'espace. La surface habitable des combles est de 41 m² alors que leur surface au sol est de 49,4 m².

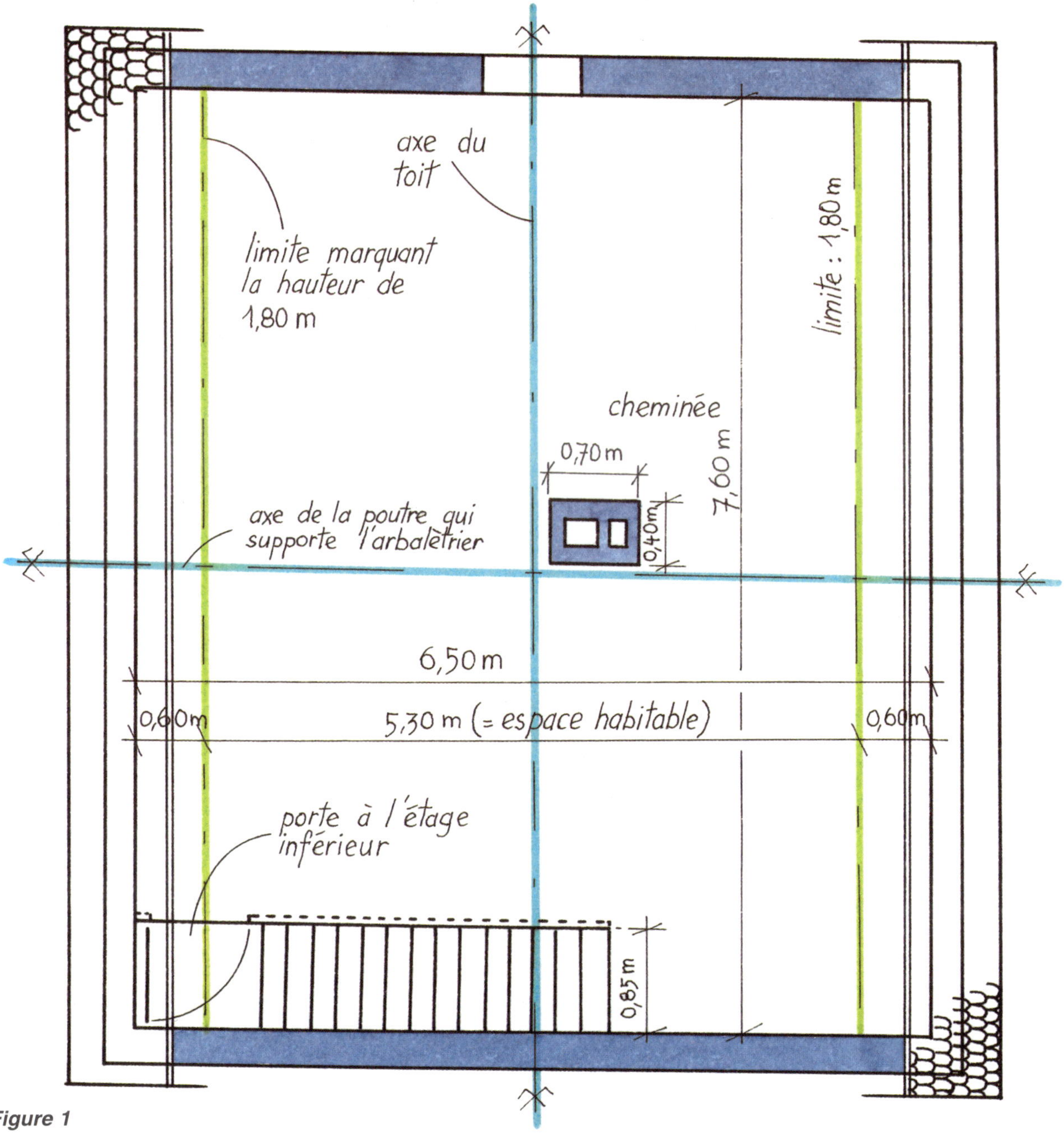

Figure 1

Les combles dont la pente du toit est forte ont l'avantage de ne pas trop perdre d'espace habitable et si, comme dans ce cas, ils ont encore un pied-droit, on peut alors profiter du maximum d'espace.

L'exemple traité est situé dans **une zone urbaine protégée et soumise à des contraintes** qui demandent de respecter le cadre historique. On ne pourra pas mettre de fenêtres de toit basculantes ni des ouvertures qui changeraient l'esprit de la maison.

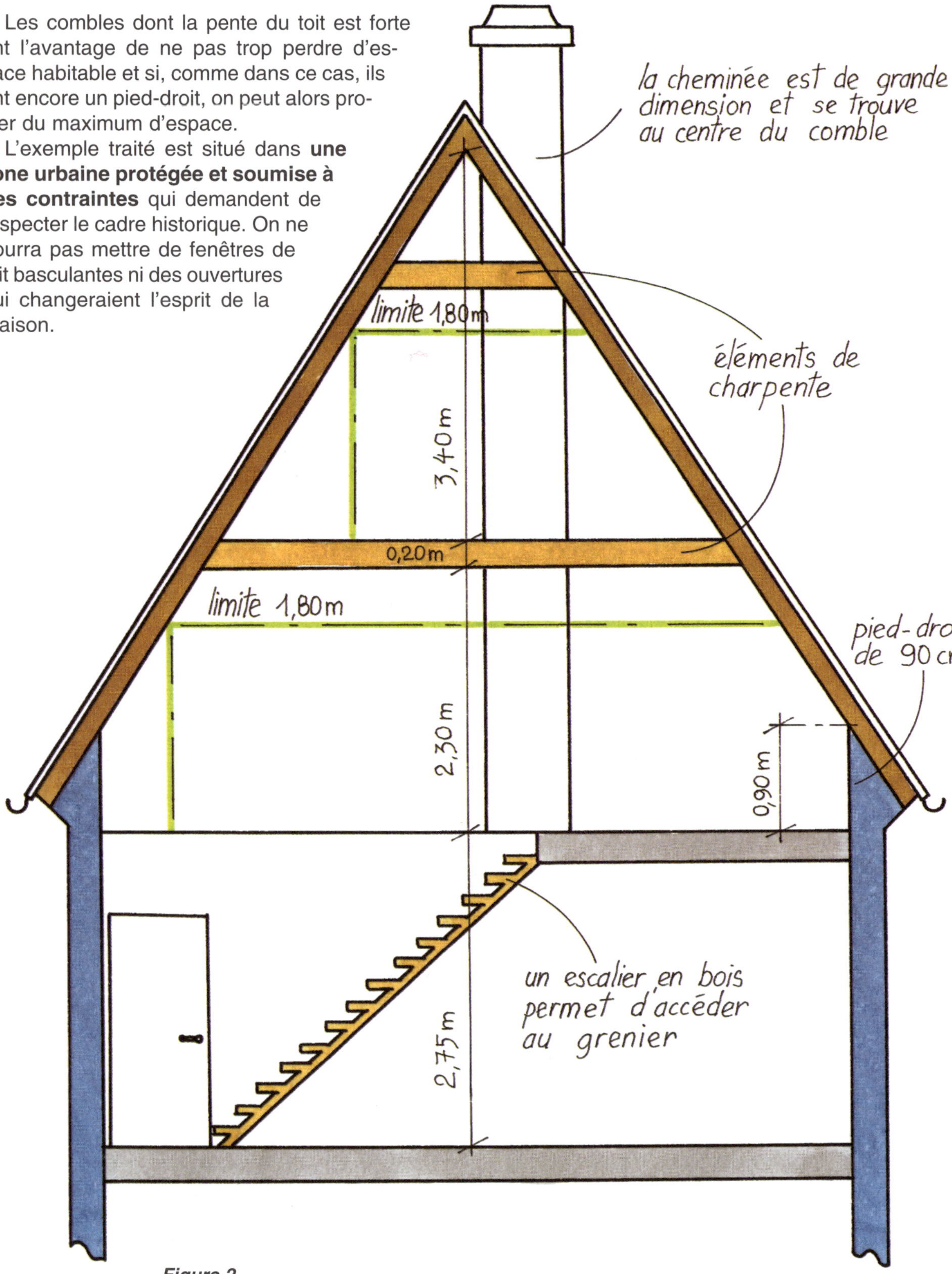

Figure 2

AMÉNAGEMENT EN UN APPARTEMENT DE 2 PIÈCES

Puisqu'un **deuxième niveau peut être exploité**, on décide de créer une mezzanine à partir du milieu des combles en s'appuyant sur la poutre qui supporte l'arbalétrier de la charpente. Ce deuxième niveau permet d'ajouter une surface habitable de 7,6 m², ce qui fait passer la surface habitable totale à 48,6 m² !

Le principe qui est étudié dans cette transformation est d'**offrir des espaces généreux et ouverts** pour bénéficier d'une vraie cuisine, d'un salon, d'une salle à manger, d'une chambre et d'une salle de bains. Bien sûr, on ne dispose que de 48,6 m² !

La première idée développée est de **mettre l'entrée en bas des escaliers**, à l'étage situé sous les combles. Un petit sas permet l'ouverture de la porte et un mur vient fermer la circulation en isolant l'escalier du nouvel appartement et en l'éclairant grâce à une petite fenêtre aménagée dans ce mur.

Maintenant que nous n'avons plus besoin d'un palier d'entrée dans les combles, on peut utiliser la quasi totalité de l'espace.

L'arbalétrier divise les combles en deux parties égales de 3,80 m sur 6,50 m. Une de ces parties **est laissée ouverte sur toute la hauteur** pour obtenir un espace plus volumineux allant servir de séjour. L'autre partie est aménagée avec **un deuxième niveau en mezzanine** sur le séjour. Il sert naturellement de chambre. En dessous, ce sont les espaces techniques qui sont installés, la cuisine et la salle de bains.

D'un espace, nous en avons maintenant trois en ayant simplement construit une dalle.

La salle de bains est traitée comme un petit bloc compact sous le rampant dont l'entrée est en face de l'escalier d'accès. Un bar vient marquer une entrée et définir la cuisine.

L'espace ainsi ouvert tourne autour de la cheminée qui fait un lien entre les deux niveaux des combles et qui meuble naturellement l'appartement.

Chaque espace a son propre système d'éclairage. La cuisine comme le coin repas possède une lucarne (ou chien-assis) de 1,15 m de large. La salle de bains a également une lucarne, mais plus petite puisque sa largeur est de 75 cm. La chambre est éclairée par une petite fenêtre créée dans la façade, et le séjour se voit offrir une grande ouverture qui monte sur les deux niveaux du pignon.

La cuisine

Elle est intégrée et forme un angle dont une partie est le long du pied-droit et l'autre contre le mur qui isole l'escalier principal. Afin de mieux utiliser la partie le long du rampant, **la lucarne est placée au-dessus des éléments** et l'évier peut prendre place sous la lumière. Les plaques de cuisson sont installées contre le mur pour **permettre** de placer **une hotte aspirante**. Un bar vient fermer cet espace et **définir une zone d'entrée**. Quelques éléments hauts peuvent être installés contre le mur en se prolongeant au-dessus du bar.

La salle de bains

Elle est placée à côté de la cuisine, le long du rampant opposé. Une douche de 90 x 90 cm vient se loger à la limite de l'espace habitable. On dispose ainsi d'une surface au sol de 1,50 x 3,30 m, mais la surface habitable n'est que de 0,90 x 3,30 m, soit 2,97 m². Le mur qui vient fermer la salle de bains **se courbe en réduisant son emprise au bénéfice de l'entrée**. Dans la partie la plus large se trouvent la douche et un lavabo, et le WC est dans l'autre partie. La porte s'ouvre vers l'extérieur pour ne pas perdre de place et **son sens d'ouverture permet de ne pas voir dedans à partir de la cuisine**. Ceci est important parce que la cuvette des WC est juste en face de la porte. La longueur de cette salle de bains est calculée en plaçant l'un à côté de l'autre le WC, la porte, le lavabo et la douche. La lucarne permet de gagner un peu d'espace au niveau du lavabo et de la sortie de douche.

Le séjour

Il est **ouvert sur toute la hauteur du toit**. L'escalier qui monte à la chambre en mezzanine est droit et vient séparer le séjour en **deux sous-espaces**, l'un servant de salon et l'autre de coin repas. On peut placer une télévision sous l'escalier, ce qui libère le reste de l'espace de tout meuble encombrant.

L'escalier est très important dans cet aménagement. Il s'accroche à la poutre principale en étant accolé à la cheminée. Il n'a pas qu'un **rôle fonctionnel**, il est également **décoratif**, mais il ne doit pas être imposant. Il est alors réalisé comme **un escalier de meunier**. Pour ne pas prendre trop de place, il se développe sur une longueur de 2,60 m.

Cette longueur est calculée en fonction du nombre de marches nécessaires qui lui-même se calcule en fonction de la hauteur à franchir (figure 7, page 99).

L'ouverture du séjour se fait dans le pignon. **Une grande baie vitrée est placée de manière à inonder l'espace de lumière**. Divisée en trois parties, celle centrale est coulissante. C'est en face de cette partie que démarre l'escalier qui monte à la chambre car l'espace sert de toute façon de circulation. Les deux autres parties de la baie vitrée sont fixes. L'ouverture du pignon se prolonge au-dessus de la partie coulissante pour **accueillir une fenêtre oscillante** permettant de **ventiler le volume supérieur**. Pour offrir un espace supplémentaire au séjour, on a construit, dans cet exemple, **un petit balcon** très agréable lorsqu'on habite dans un toit et qu'il n'y a pas de possiblité de sortir facilement.

Si la table de la salle à manger est placée **au niveau de la lucarne**, c'est pour **utiliser l'espace supplémentaire qu'elle apporte**. Les fauteuils du salon sont placés le long du pied-droit.

La chambre

Elle est en mezzanine et donne sur le séjour. Entre le lit et le mur pignon, on a **aménagé un meuble qui offre des espaces de rangement**. Fait à partir de simples étagères, un coffre sert de dossier pour le lit, et la fenêtre qui a été placée dans le pignon est encadrée par les éléments de ce meuble (voir figure 4, page 94).

A. Une petite fenêtre crée un lien entre la cuisine et la cage d'escalier. Tout en apportant de la lumière à cet espace étroit et sombre, elle offre une singularité en traitant le mur intérieur comme un mur extérieur.

B. La lucarne qui est placée au-dessus des éléments de cuisine permet de les utiliser pleinement. On a placé à cet endroit l'évier pour bénéficier de la lumière.

C. Le bar définit plus clairement la cuisine et l'entrée. Un élément haut accentue cette séparation et peut servir à placer des verres et des bouteilles. Mais sa hauteur doit être calculée en fonction de la taille des occupants pour qu'il ne gêne pas le regard et qu'on ne puisse pas cogner dedans avec la tête tout en restant accessible sans monter sur un tabouret par exemple.

D. Le réceptacle de douche est placé à la limite de l'espace habitable (dont la hauteur est au moins égale à 1,80 m). La lucarne permet de libérer l'espace à la sortie de la douche et d'installer le lavabo contre le mur opposé. Il est alors plus facile de bouger à cet endroit.

E. Les fauteuils ou canapés sont placés le long du pied-droit de 90 cm de haut. Puisqu'on y est assis, la hauteur peut être inférieure à 1,80 m, du moment que l'on peut se relever sans gêne.

F. La table est sous la lucarne pour pouvoir bénéficier d'un espace plus confortable et pour placer les chaises plus facilement.

G. L'escalier démarre en face de la porte vitrée coulissante pour regrouper les espaces qui servent à la circulation (voir figure 7, page 99).

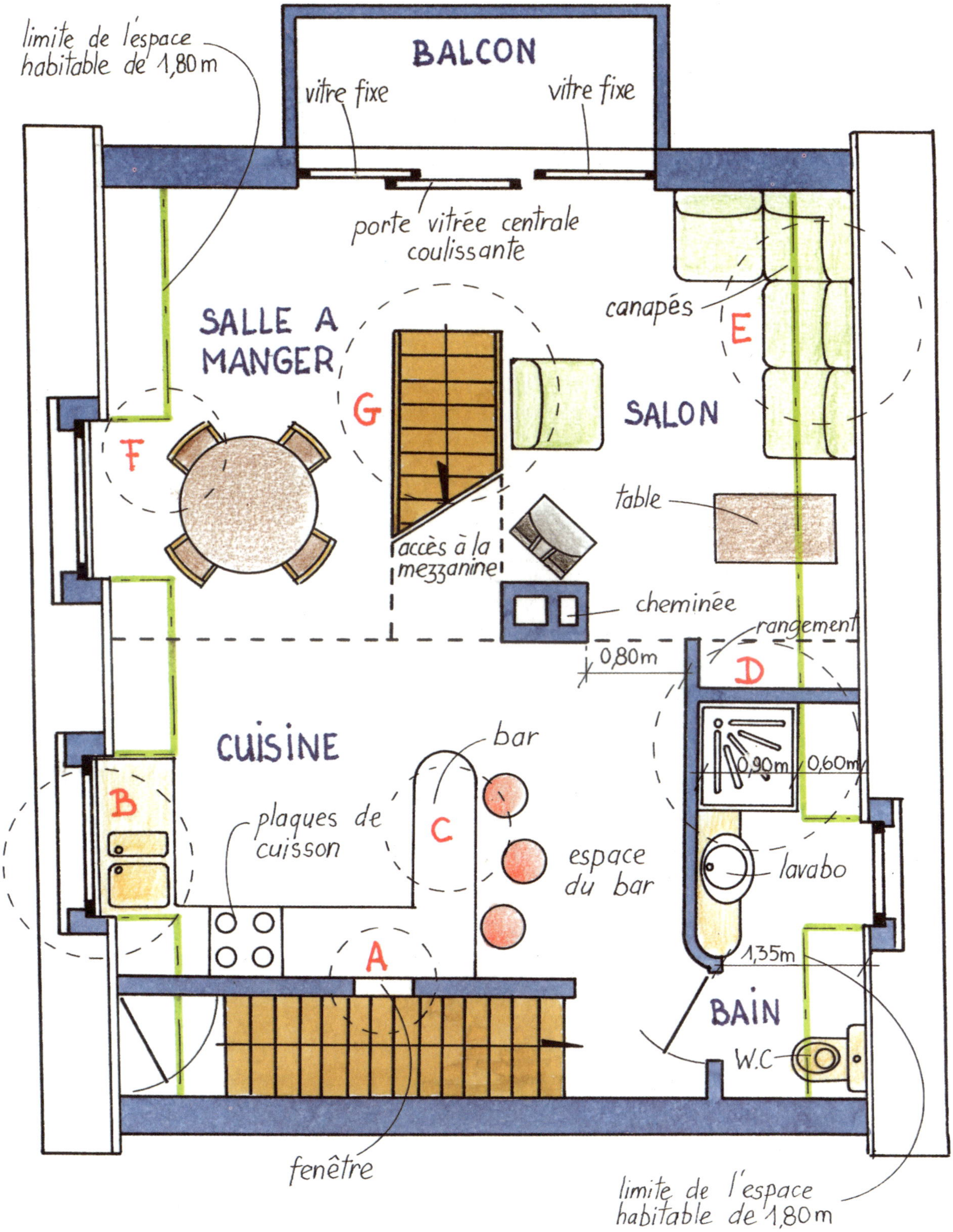
limite de l'espace habitable de 1,80 m
BALCON
vitre fixe
vitre fixe
porte vitrée centrale coulissante
SALLE A MANGER
canapés
E
G
SALON
F
table
accès à la mezzanine
cheminée
rangement
0,80m
D
CUISINE
bar
0,90m
0,60m
B
plaques de cuisson
C
espace du bar
lavabo
A
1,35m
BAIN
W.C
fenêtre
limite de l'espace habitable de 1,80m

Figure 3

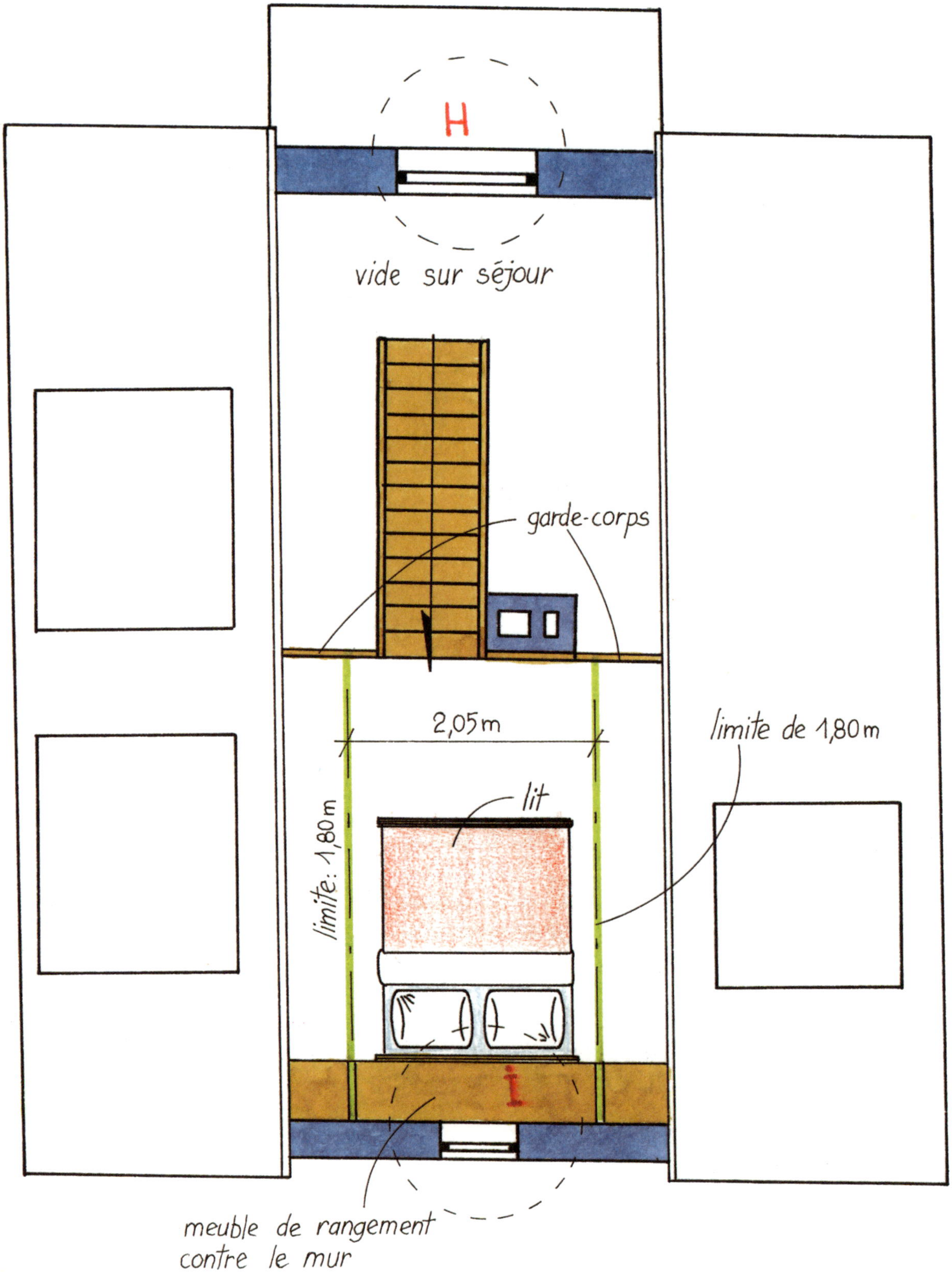
H
vide sur séjour
garde-corps
2,05 m
limite de 1,80 m
limite : 1,80 m
lit
i
meuble de rangement
contre le mur

Figure 4

H. Une fenêtre oscillante est installée en partie haute du séjour. Elle permet de bien ventiler le volume car la chaleur et les odeurs s'accumulent toujours dans le haut des espaces (ci-contre page 94 et figure 6 page 96).

I. Un meuble de rangement fait à partir de simples étagères est placé contre le mur pignon. On a pris soin de libérer la fenêtre qui éclaire la chambre par un jeu de montants qui créent un deuxième cadre pour cette ouverture.

J. Le bas du meuble/rangement est traité comme un coffre qui sert de dossier pour le lit. Sa longueur est calculée en fonction du lit installé (1,20 m ; 1,40 m ; 1,60 m ; 1,80 m).

K. Un plafond est construit en s'appuyant sur des éléments de charpente qui servent à contre-venter le faîtage. Il est préférable de ne pas prolonger l'habillage des rampants jusqu'au faîte quand la pente du toit est trop importante, car la mise en œuvre est beaucoup plus délicate.

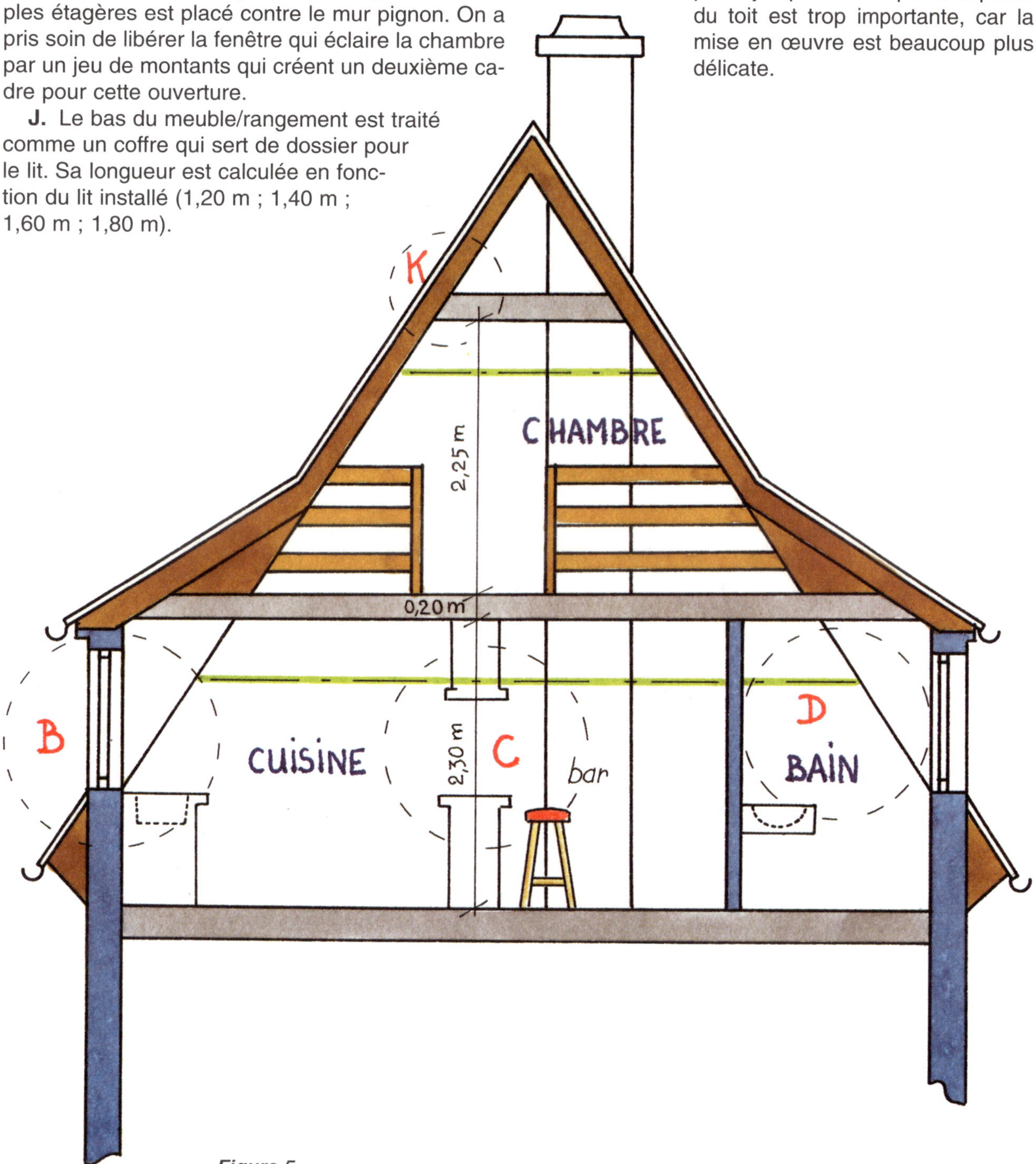

Figure 5

E. Les fauteuils ou canapés sont placés le long du pied-droit de 90 cm de haut. Puisqu'on y est assis, la hauteur peut être inférieure à 1,80 m, du moment que l'on peut se relever sans gêne.

F. La table est sous la lucarne pour pouvoir bénéficier d'un espace plus confortable et pour placer les chaises plus facilement.

H. Une fenêtre oscillante est installée en partie haute du séjour. Elle permet de bien ventiler le volume car la chaleur et les odeurs s'accumulent toujours dans le haut des espaces.

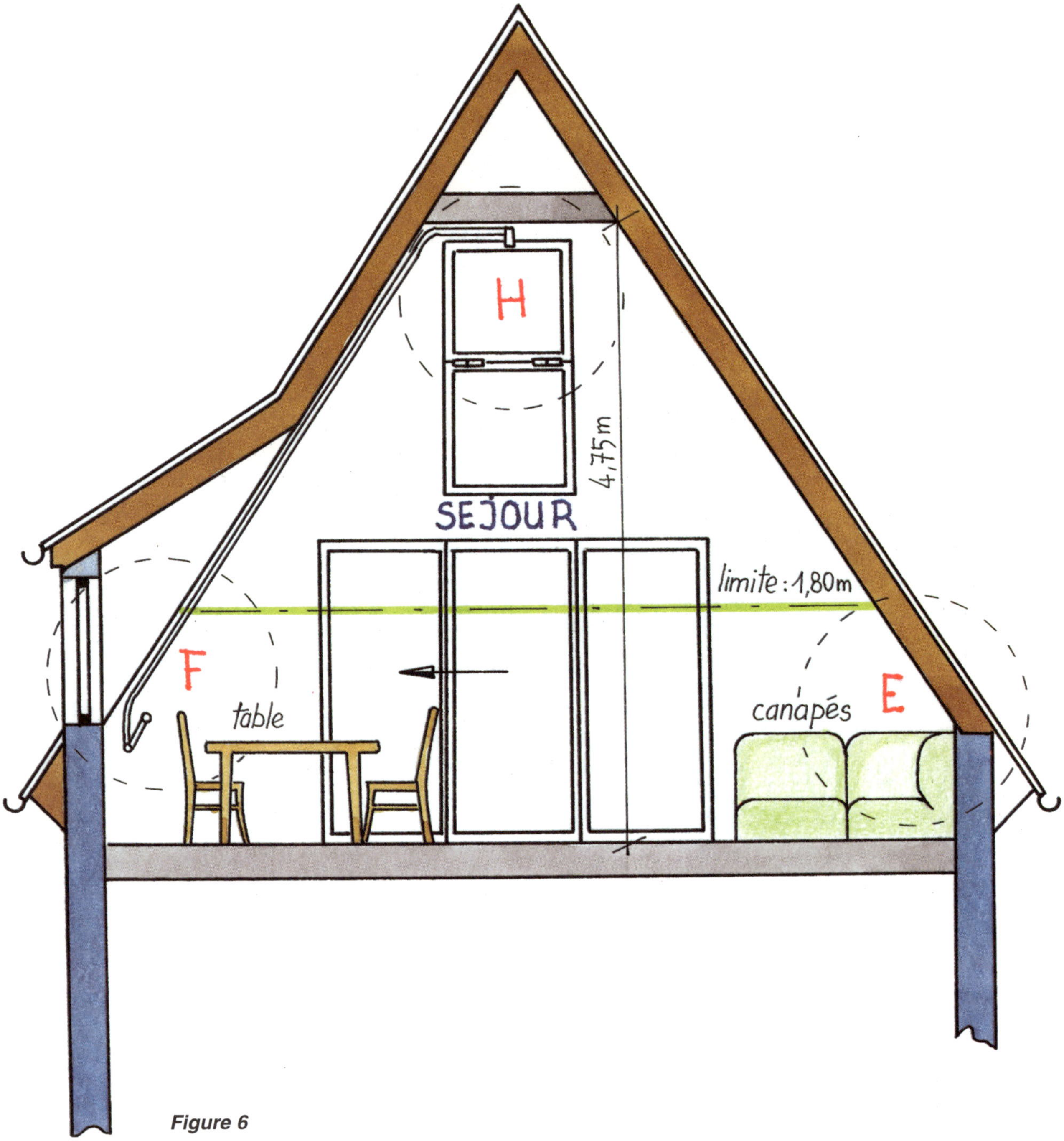

Figure 6

L'ajout d'une dalle donne naissance à 3 espaces bien différenciés : a — b — c.

— **a** : la cuisine,

— **b** : le séjour,

— **c** : la chambre.

Chacun communique avec les 2 autres et la cheminée fait le lien entre les 3.

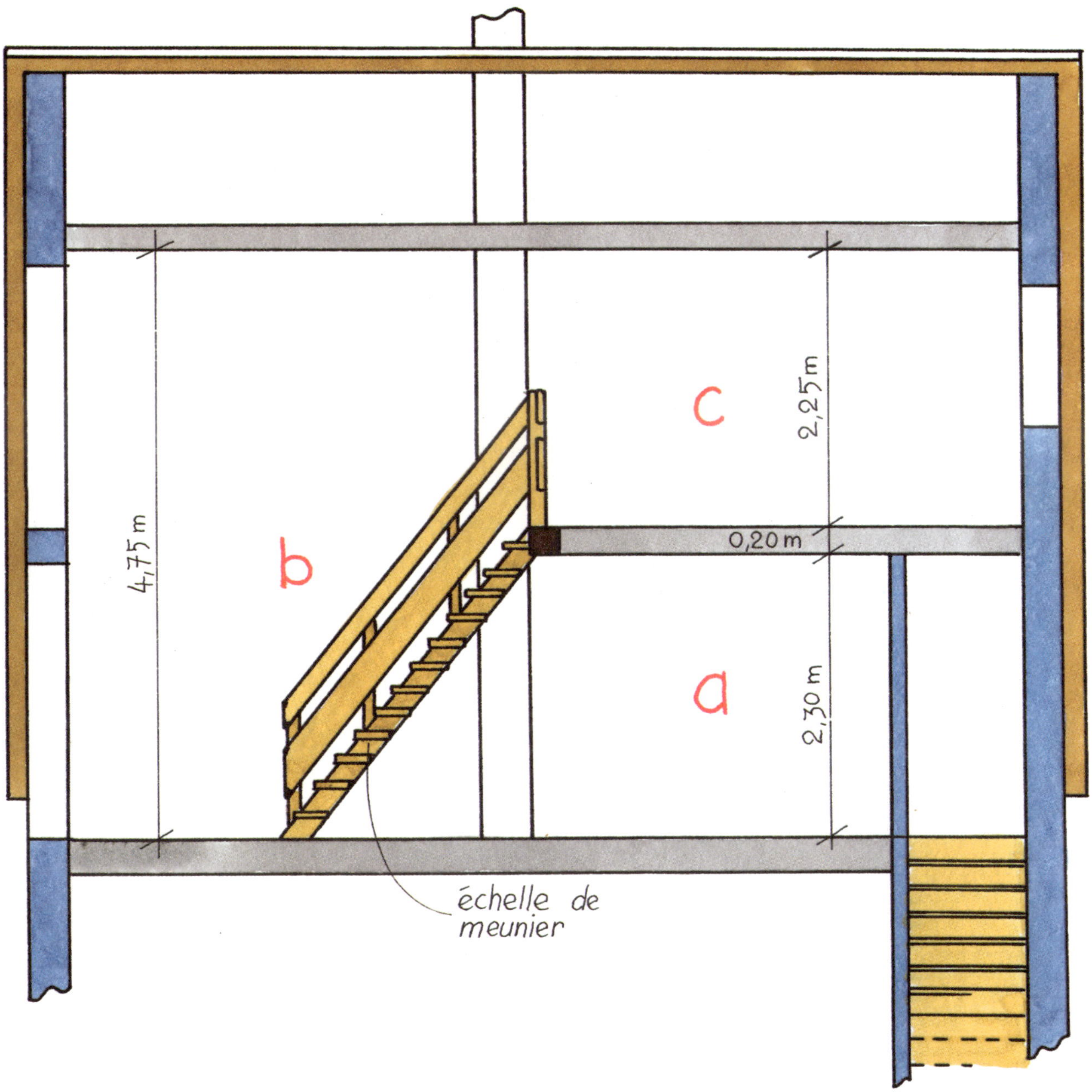

Ce dessin montre le volume exploité dans ces combles.

L'escalier est un élément important dans l'espace.

L'ensemble cheminée/escalier définit la circulation dans l'appartement : c'est en tournant autour de lui que l'on passe d'un espace à l'autre.

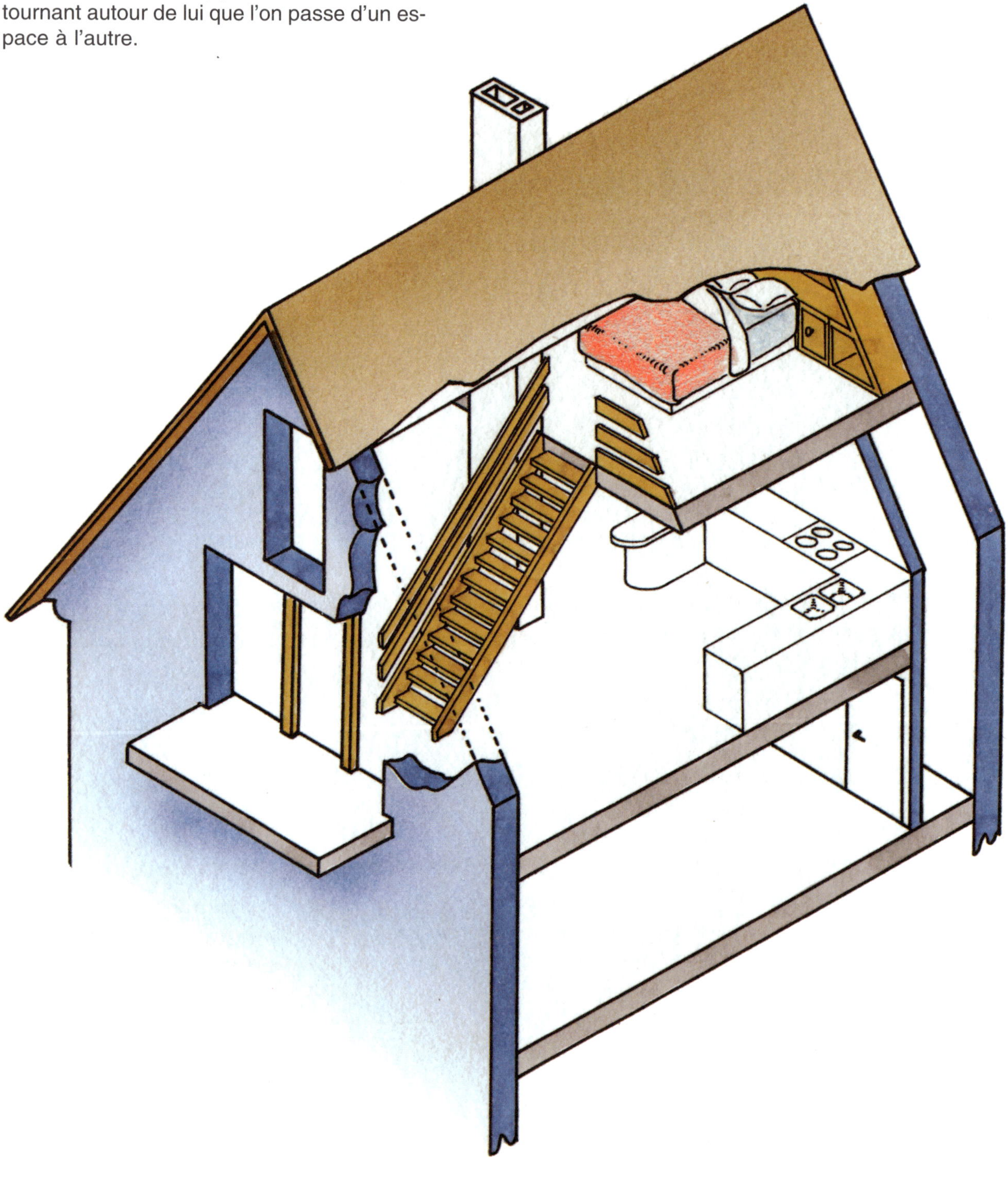

Comment définir un escalier ?

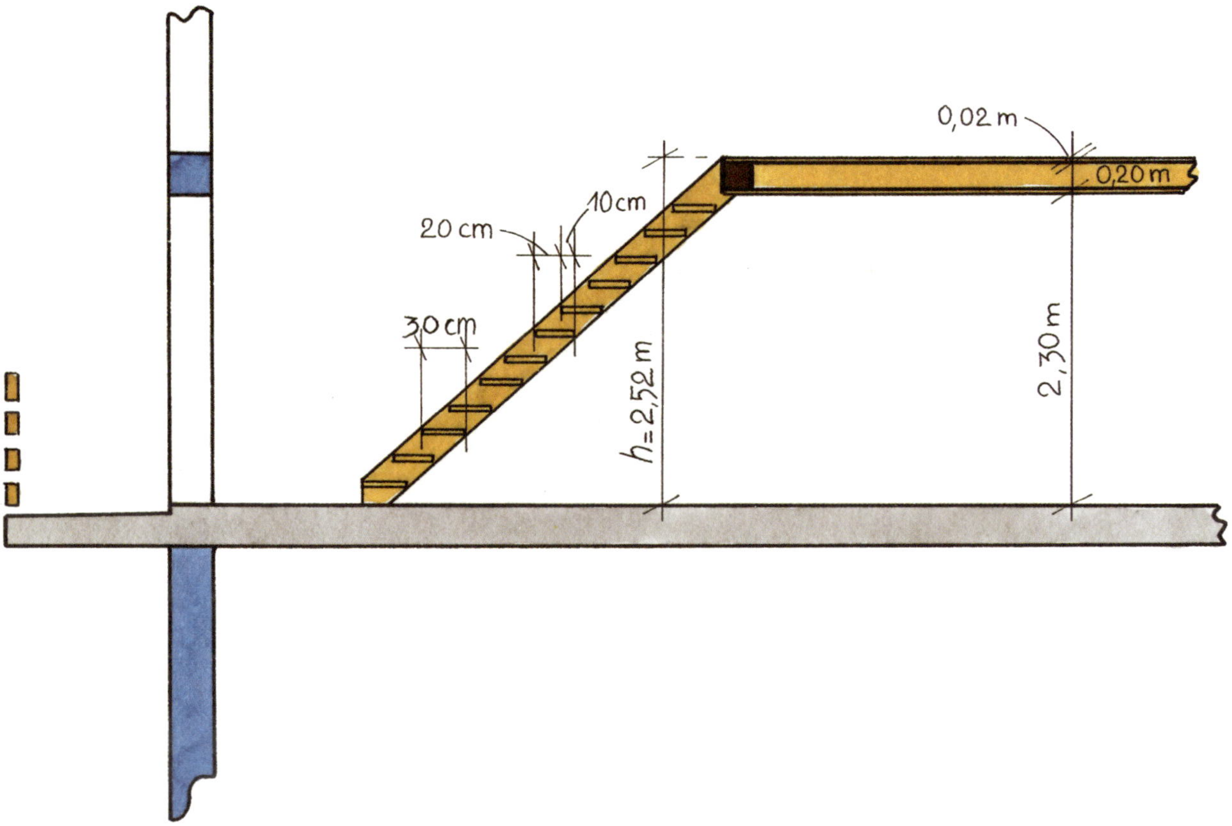

Figure 7

Le nombre de marches est calculé en fonction de la hauteur à gravir.

Dans ce cas, la hauteur h. est de 2,52 m jusqu'au plancher de la dalle créée.

Pour être **confortable**, la hauteur des marches doit être comprise entre **16 cm** et **19 cm**.

On divise alors h. par un chiffre rond jusqu'à obtenir la hauteur de marche voulue.

Dans cet exemple, on a divisé h. par 14 et on obtient 18 cm.

L'escalier a donc 14 hauteurs de 18 cm, et le nombre de marches est de 14 - 1 = 13.

Le nombre de marches est égal au nombre de hauteurs moins 1 puisque la dernière marche est aussi la dalle où l'on arrive.

Dans cet exemple, la profondeur des marches (giron) est de 30 cm et elles se chevauchent sur 10 cm. Il n'y a pas de contremarches pour faciliter la pratique de l'escalier.

Principe du meuble de la chambre

Vue de face

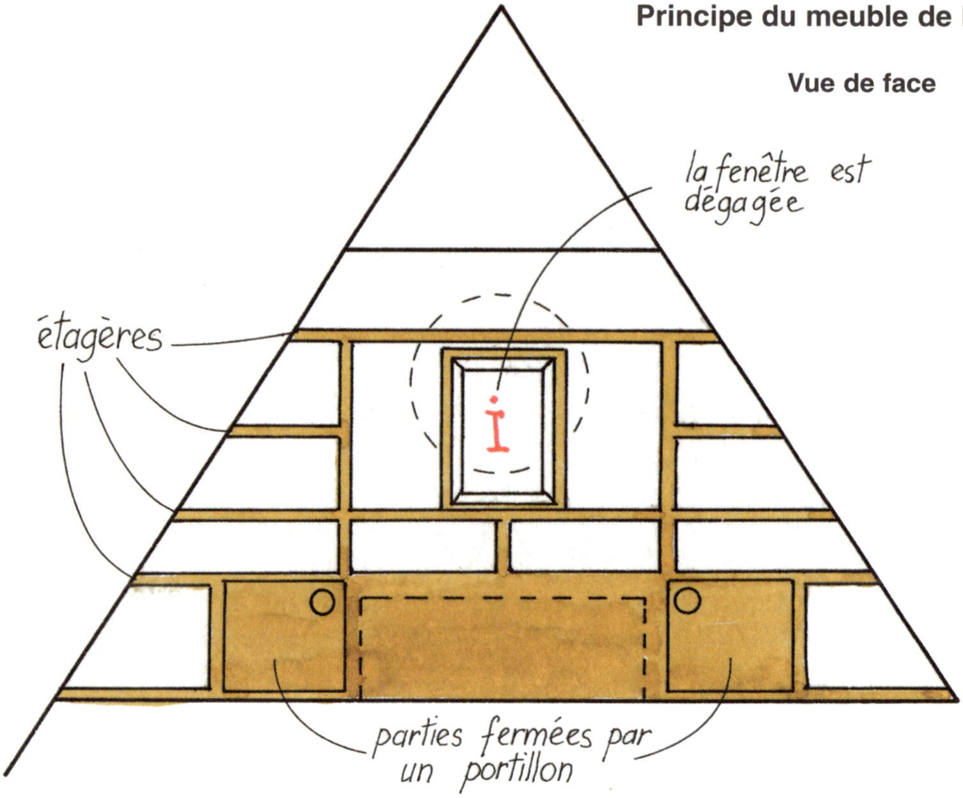

Vue en coupe

Vue d'ensemble en perspective

GRANGE À UN SEUL PAN DE 45°

L'exemple qui suit est un peu différent des précédents dans le sens où il utilise un bâtiment entier et pas uniquement ses combles. Il s'agit d'une grange accolée à un autre bâtiment et dont le toit n'a qu'un seul pan de pente 45°.

L'espace intérieur est en longueur et mesure 4 x 9,50 m. Le toit à un seul pan de grande dimension descend assez bas (la hauteur à la gouttière est de 2,30 m). C'est cette présence qui fait que dans ce cas, les combles fonctionnent étroitement avec le niveau du rez-de-chaussée. Ils sont divisés en trois parties égales qui correspondent à la structure de la charpente et les murs extérieurs sont maçonnés sur un niveau.

Un tiers de la grange sert de garage grâce à une grande ouverture. Les deux autres tiers forment un espace fermé dans lequel une petite pièce est cloisonnée avec des planches de bois.

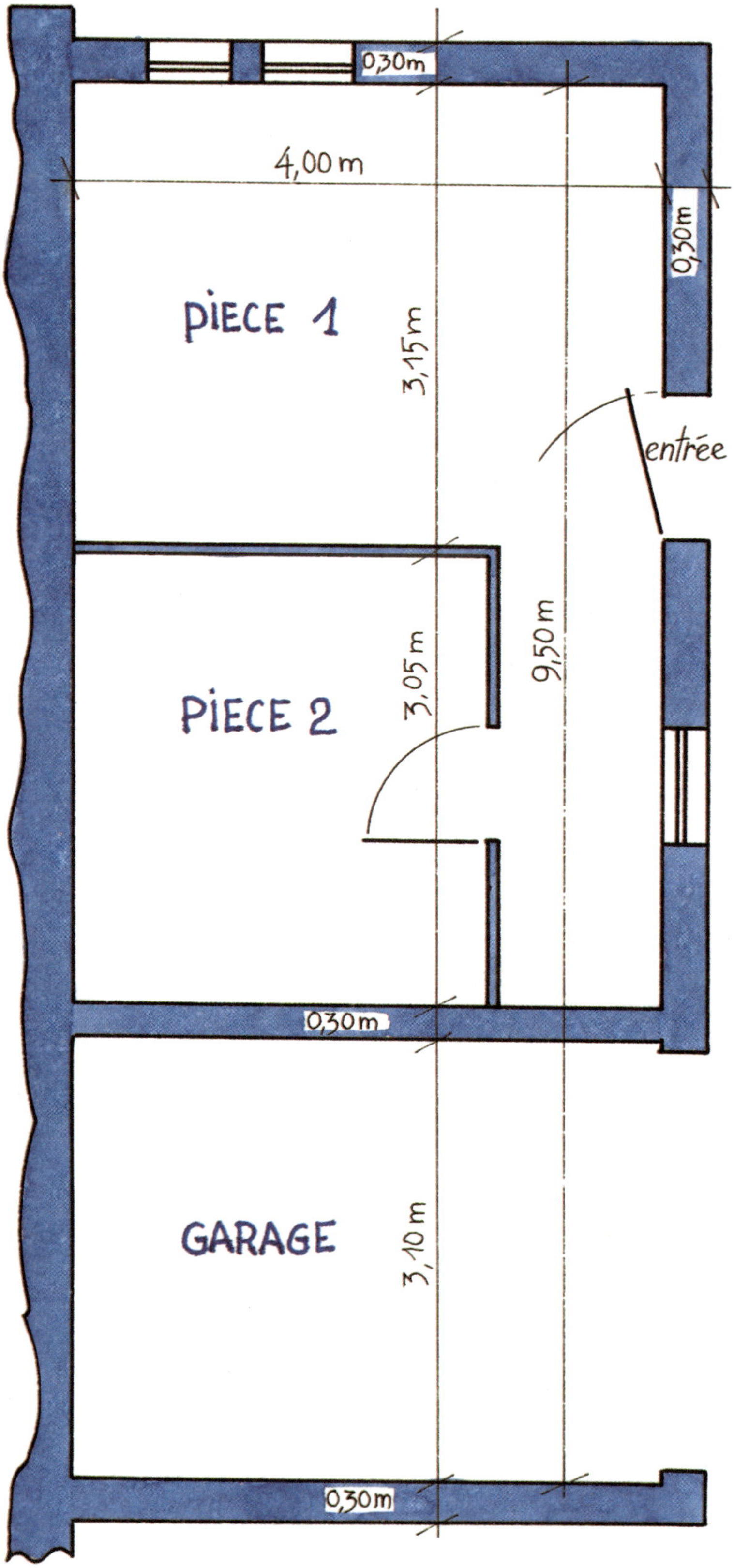

Figure 1

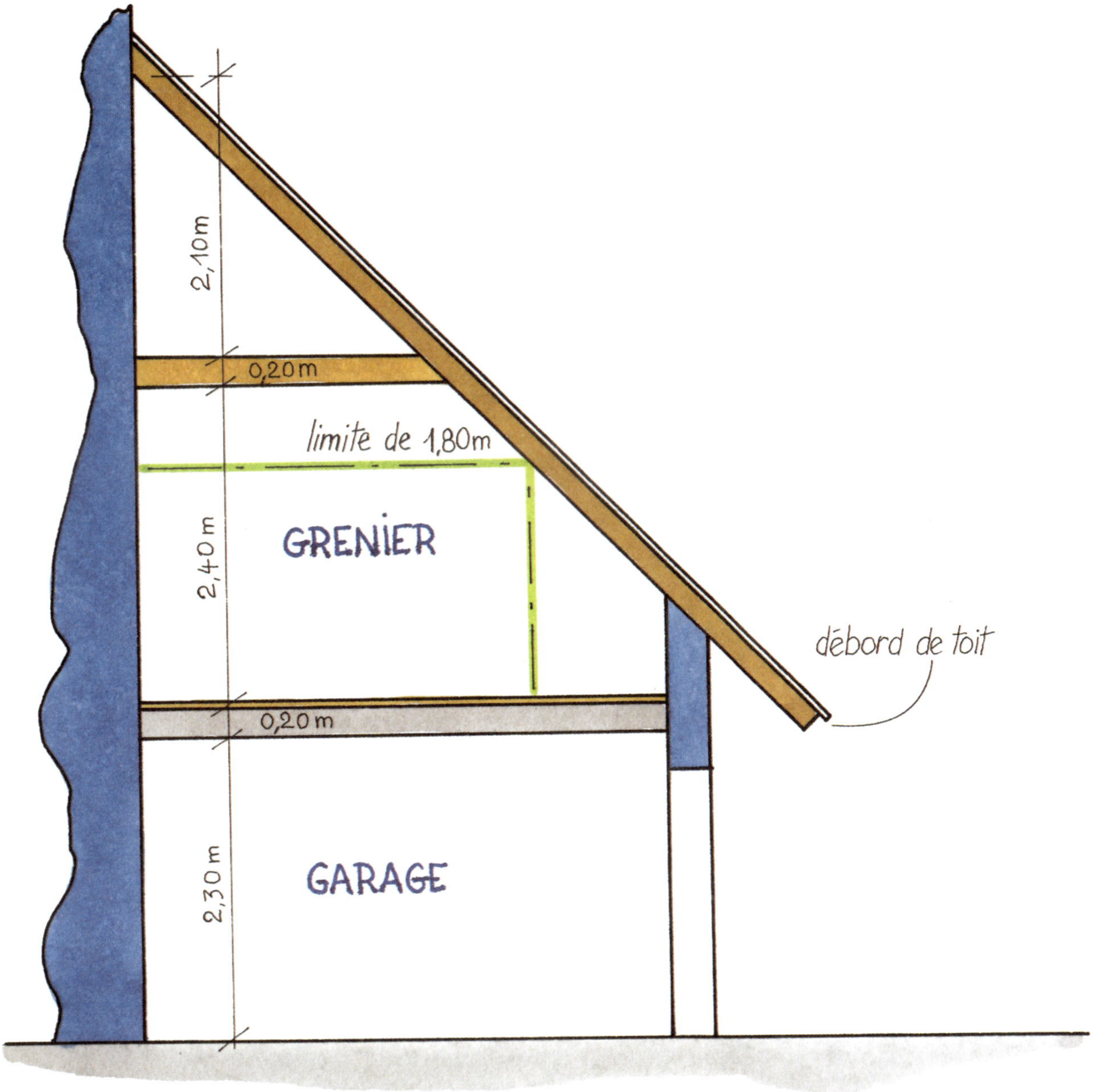
2,10m
0,20m
limite de 1,80m
2,40m
GRENIER
débord de toit
0,20m
2,30m
GARAGE

Figure 2

AMÉNAGEMENT EN UN BUREAU OU UN LOCAL DE TRAVAIL

Ce type d'espace est très intéressant pour y installer **un local professionnel ou un bureau**. D'abord parce qu'ils sont peu utilisés, ensuite parce que leur position est toujours bien ouverte sur une cour et enfin parce que **l'espace qui serait trop contraint** pour y aménager un appartement est idéal pour des **pièces de travail**. On pouvait également l'utiliser pour en faire **une salle de jeux ou de sport**.

Dans cet exemple, **la transformation a pour but de créer un bureau ayant des sous-espaces de travail et une zone de réception**.

Au vue de la configuration des combles, il n'est possible d'aménager qu'un seul niveau dans la toiture. Un troisième ne serait constitué que d'un couloir étroit et difficile d'accès.

La première étape a été de **vider complètement le volume pour apprécier l'espace que l'on pouvait utiliser**. Les poutres formant la base de la charpente sont à une hauteur de 2,30 m pour une épaisseur de 20 cm. Aussi on a décidé de garder l'impression que procurait le volume intérieur en laissant le premier niveau entièrement libre et en traitant le deuxième comme **un plateau en mezzanine ouvert sur tout le rez-de-chaussée**. L'originalité de cet aménagement réside dans **l'habillage des rampants à l'aide d'une paroi cintrée**.

La paroi cintrée est traitée avec des plaques de plâtre qui ont été préalablement humidifiées. Elles sont ensuite fixées sur des rails métalliques très rapprochés pour obtenir une courbe régulière, et dont le gabarit a été réalisé avec beaucoup de soin. Une telle paroi fait disparaître la séparation classique des murs avec le plafond. Dans ce cas, les murs et le plafond ne font plus qu'un et la relation qui existe entre les deux niveaux n'en est qu'accentuée.

En respectant le découpage de l'espace en trois parties par la charpente, **on a défini la nouvelle dalle qui se développe alors sur deux tiers de la longueur et ne se prolonge pas jusqu'aux murs extérieurs dans sa largeur** en s'arrêtant au niveau de la limite de l'espace habitable. Le tiers restant est laissé ouvert sur toute la hauteur des deux niveaux.

Un escalier à vis est choisi parce qu'il prend moins de place au sol. Placé contre le mur du fond, il est **en trois quarts tournant** et la position de la première marche ainsi que de la dernière est très importante. Dans ce cas, **la première marche est perpendiculaire au mur** et **la dernière arrive parallèlement à celui-ci**. Ainsi, la personne qui entre et se retrouve face à l'escalier n'est pas invitée à le prendre car elle doit le contourner. L'accès se fait à partir de l'espace sous la mezzanine et l'on arrive face au mur du fond, en haut, qui nous renvoie au rampant cintré.

Six fenêtres en bandeau et séparées par des poteaux en bois sont placées dans le mur de façade pour **éclairer généreusement l'espace sous la mezzanine**.

La porte est laissée à la même place qu'auparavant mais **se prolonge vers le haut comme un bandeau vertical de verre qui vient contraster avec le bandeau horizontal des fenêtres**. Ainsi mise en valeur, l'entrée de ce bureau est clairement identifiable en façade. À l'intérieur, la courbe de la paroi cintrée est également rehaussée par cette « faille » de lumière qui permet aussi d'éclairer l'escalier à vis.

Pour éclairer l'étage, on a installé **une fenêtre de toit basculante** accessible de la mezzanine ainsi qu'une **fenêtre dans le pignon**.

Un traitement particulier est réalisé pour le **garde-corps** qui file tout le long de la mezzanine et rejoint l'escalier. On l'a construit en métal, tout comme l'escalier à vis, pour lui donner un air d'architecture navale et **mettre en valeur la légèreté de la dalle créée**.

Le bureau offre maintenant un espace d'accueil ouvert sur deux niveaux et communiquant facilement avec tout l'espace. Un espace sous la mezzanine peut servir de local de travail et d'archivage et celui à l'étage peut servir de bureau plus privé.

Figure 5

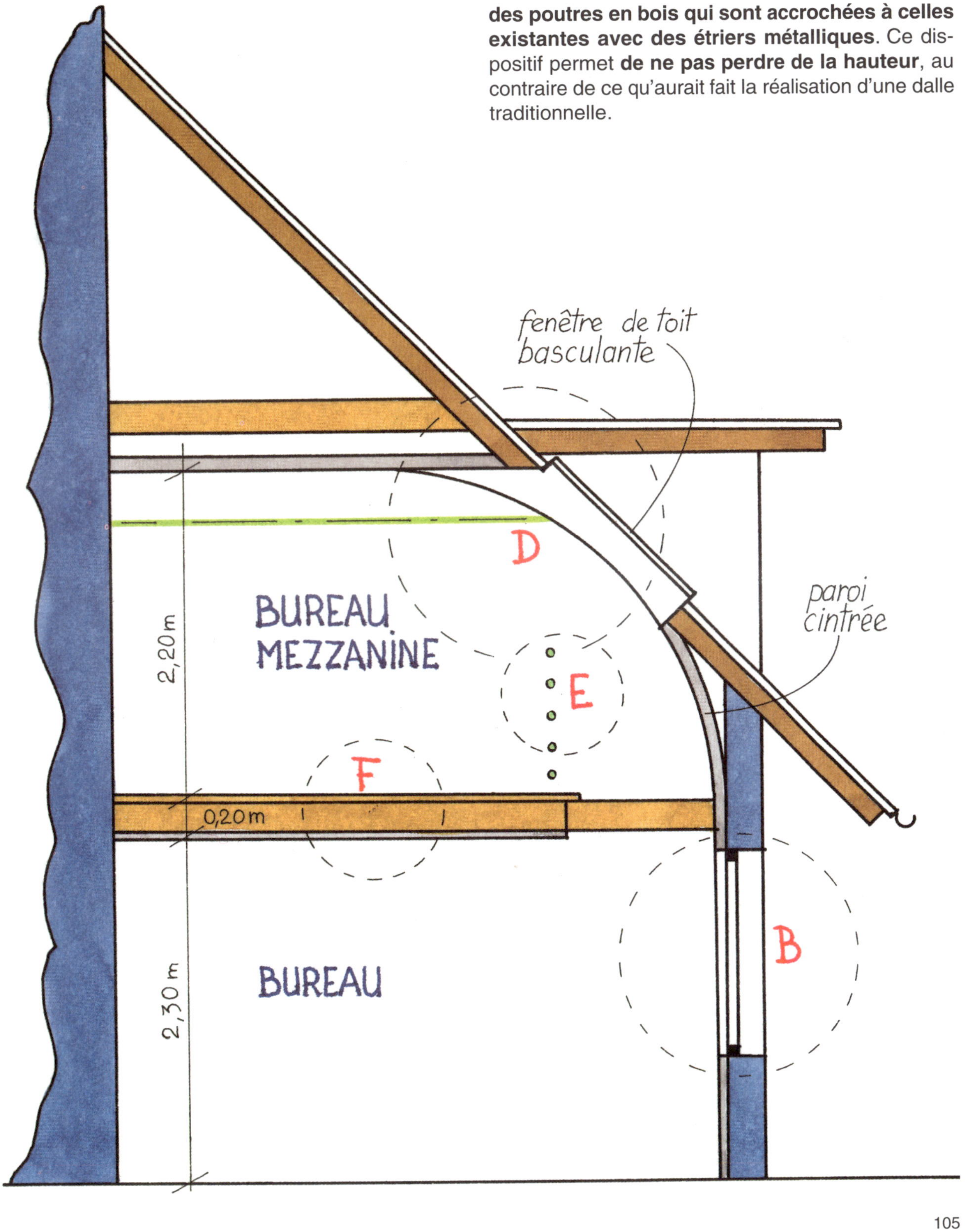

E. Le garde-corps est réalisé avec des tubes de métal.

F. La dalle de la mezzanine est réalisée grâce à **des poutres en bois qui sont accrochées à celles existantes avec des étriers métalliques**. Ce dispositif permet **de ne pas perdre de la hauteur**, au contraire de ce qu'aurait fait la réalisation d'une dalle traditionnelle.

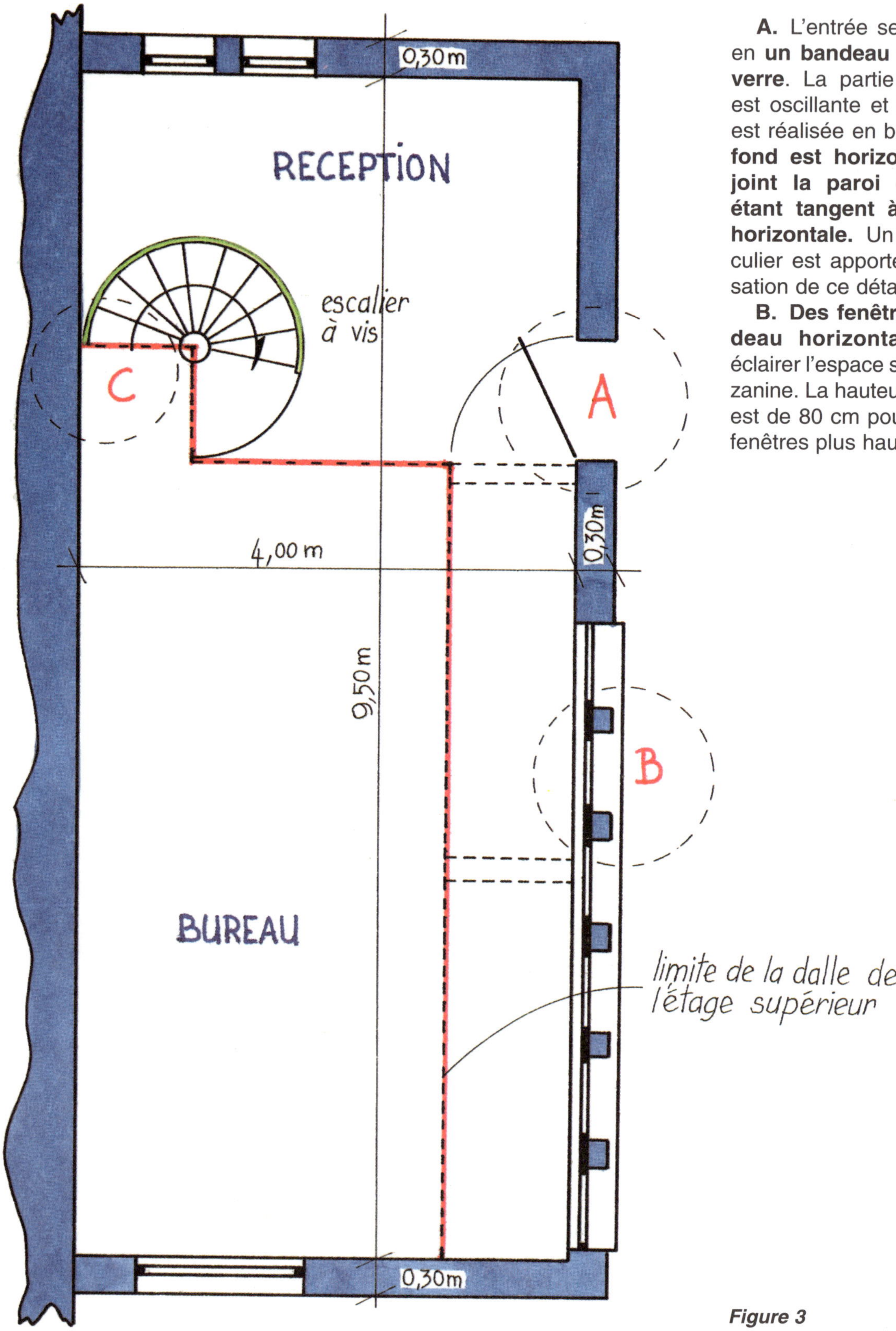

A. L'entrée se développe en **un bandeau vertical de verre**. La partie supérieure est oscillante et la structure est réalisée en bois. **Le plafond est horizontal et rejoint la paroi cintrée en étant tangent à sa partie horizontale.** Un soin particulier est apporté à la réalisation de ce détail.

B. Des fenêtres en bandeau horizontal viennent éclairer l'espace sous la mezzanine. La hauteur de l'allège est de 80 cm pour avoir des fenêtres plus hautes.

Figure 3

C. L'escalier à vis est accolé au mur du fond. La première marche est perpendiculaire au mur, face à l'espace de travail, la dernière est parallèle au mur et se termine par un petit palier face à l'entrée.

D. Une fenêtre de toit baculante amène de la lumière à la mezzanine. **Elle reste accessible pour l'ouvrir facilement**.

E. Le garde-corps est réalisé avec des tubes de métal qui filent tout le long de la mezzanine, tournent autour de l'escalier pour s'arrêter au rez-de-chaussée. **Ce traitement accentue la légèreté de l'ensemble en lui donnant l'aspect d'une passerelle de bateau**.

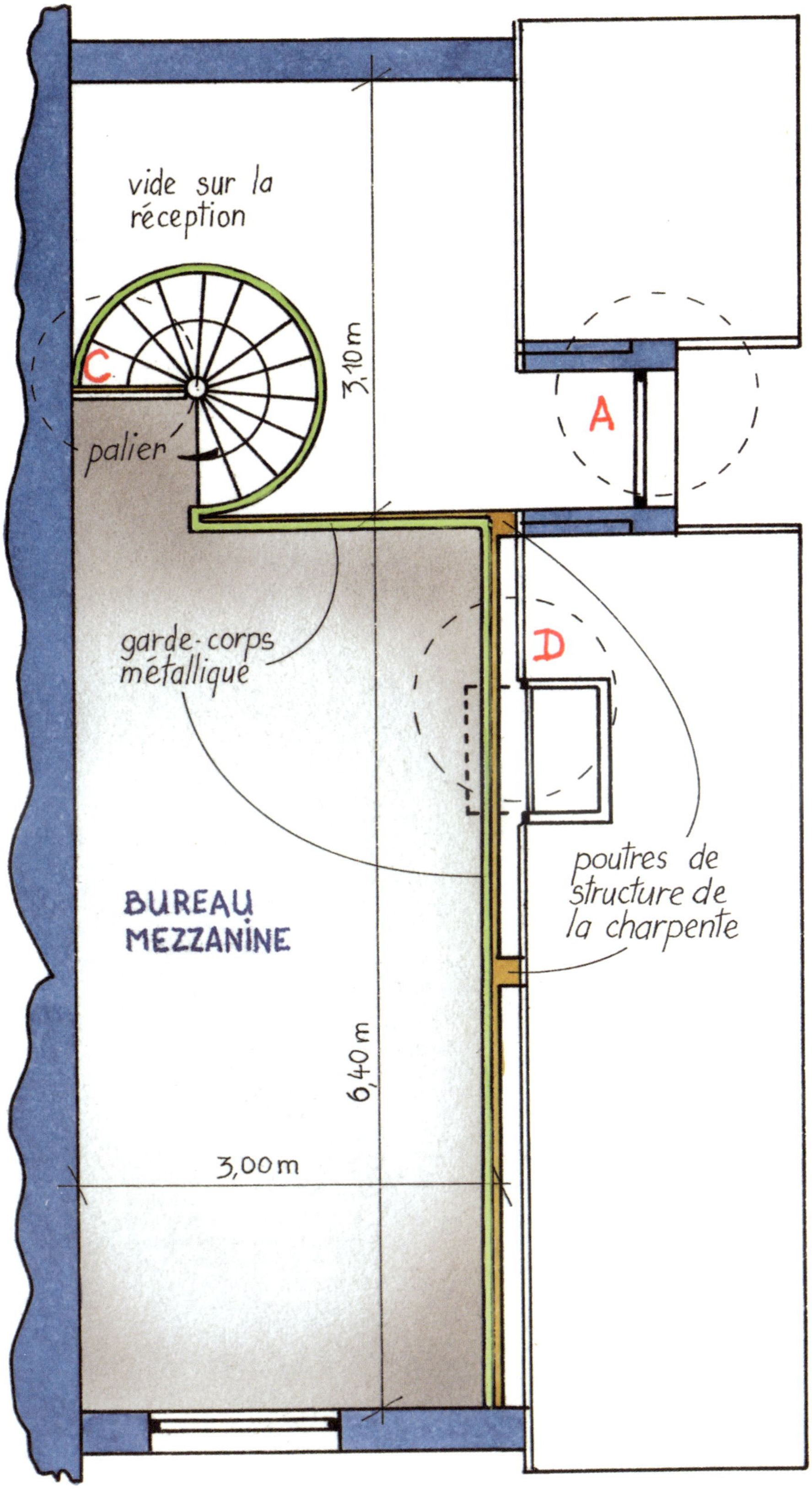

Figure 4

Détail de fabrication du plancher de la mezzanine

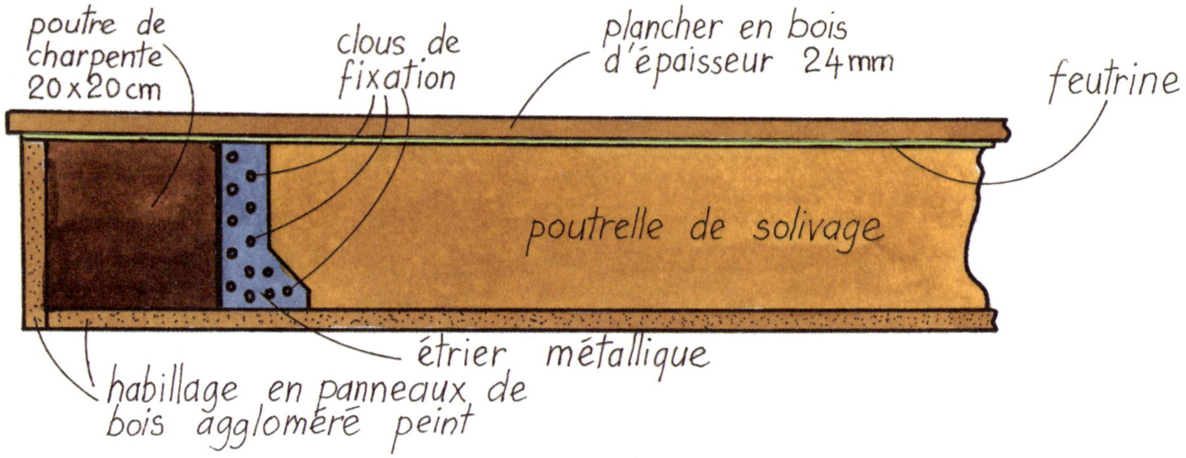

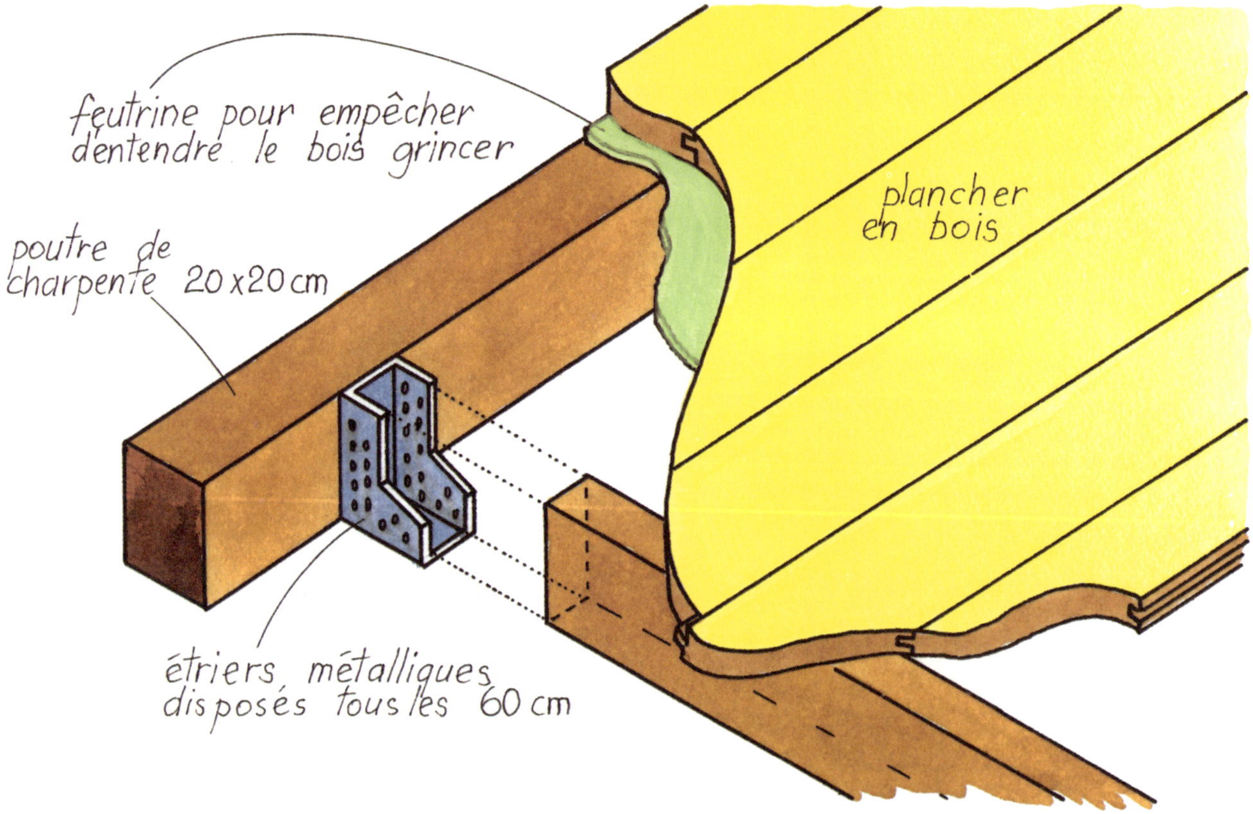

Les étriers métalliques ont une forme en « U » dans laquelle viennent s'emboîter les poutrelles qui vont former le solivage. On les fixe sur les poutres principales de la charpente et **le bas de l'étrier doit être mis de niveau à l'aide d'un fil tendu entre le premier et le dernier**.

Vue sur la fenêtre de toit baculante

Le détail d'exécution doit être réalisé avec beaucoup de soin.

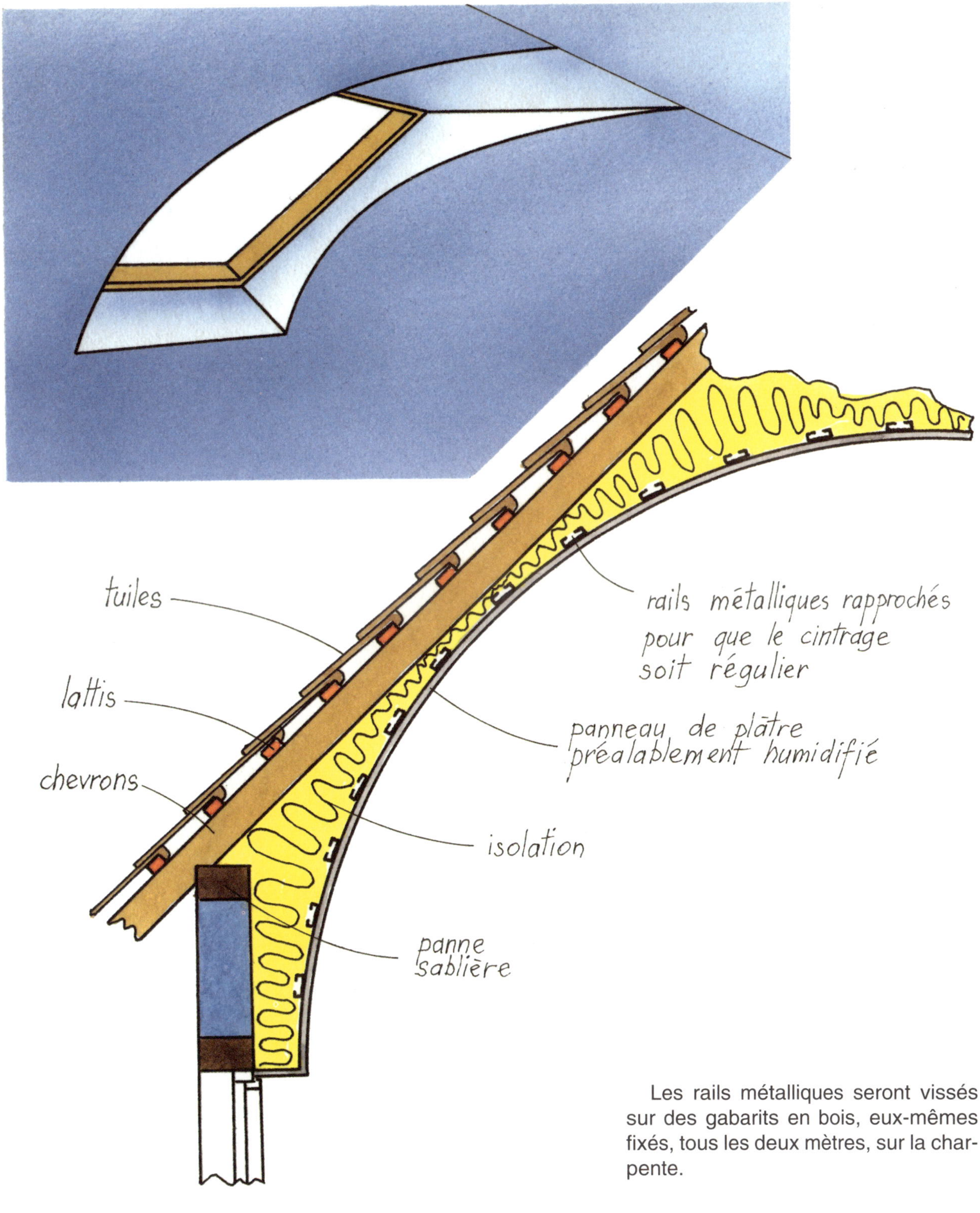

Les rails métalliques seront vissés sur des gabarits en bois, eux-mêmes fixés, tous les deux mètres, sur la charpente.

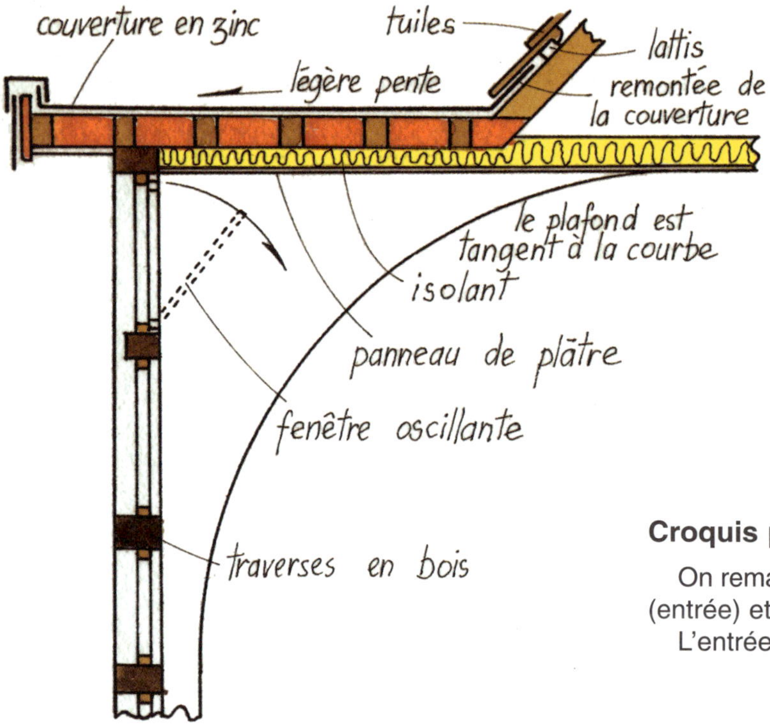

Détail sur la lucarne d'entrée

Croquis perspectif de la grange

On remarque l'opposition des bandeaux verticaux (entrée) et horizontaux (bureau).

L'entrée est très visible en façade.

Vue perspective de la mezzanine

Grâce à la paroi cintrée, le mur de façade et le plafond ne font qu'un !

Vue en plan de l'étage

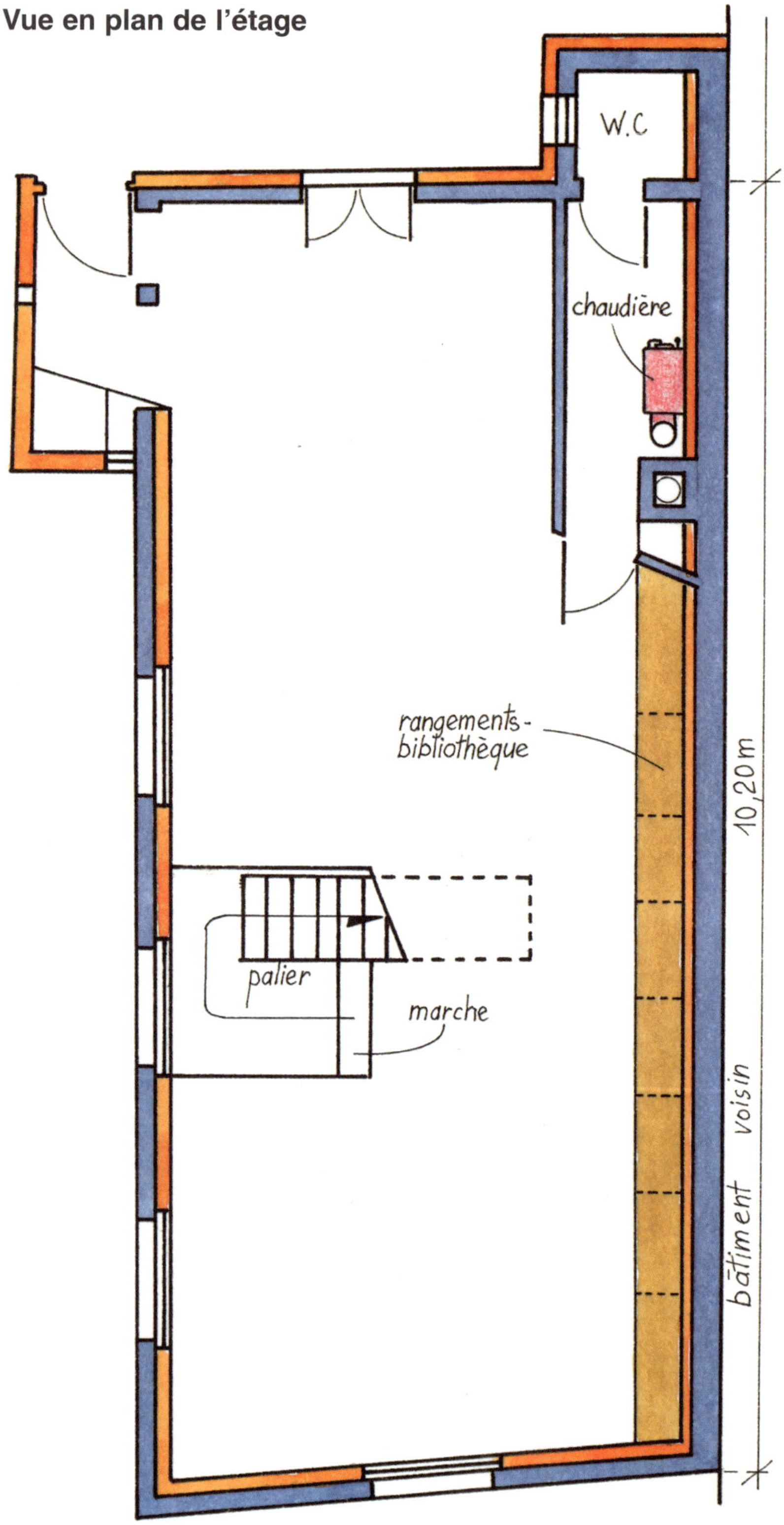

Dans l'exemple suivant, on retrouve les mêmes éléments que précédemment. La grange à un seul pan de toiture y est également transformée en un immeuble de bureau, bien que ses dimensions soient différentes. Mais dans ce cas, l'escalier a été déplacé. Il est maintenant en position centrale et divise l'espace en deux parties identiques. C'est d'ailleurs pour cette raison qu'il a été préféré un escalier de meunier, droit, plus dynamique et moins encombrant qu'un escalier en colimaçon.

Le rez-de-chaussée, lui, sert d'accueil et réception et de salle de réunion. Il fait office d'espace réservé à la clientèle, ce qui le rend plus public. Le deuxième niveau, quant à lui, regroupe les pièces de travail. La situation en hauteur donne à cet espace un côté plus privé et une ambiance plus propice à la réflexion.

Cette réhabilitation nous montre à quel point il est nécessaire d'adapter les éléments d'architecture à ses propres besoins. Ainsi, dans cet exemple, la grange est devenue un cabinet d'architecture. C'est la raison pour laquelle tous les détails ont été réalisés avec beaucoup de soins afin de permettre aux clients et aux entreprises d'apprécier le travail de l'architecte.

Vue en plan des combles

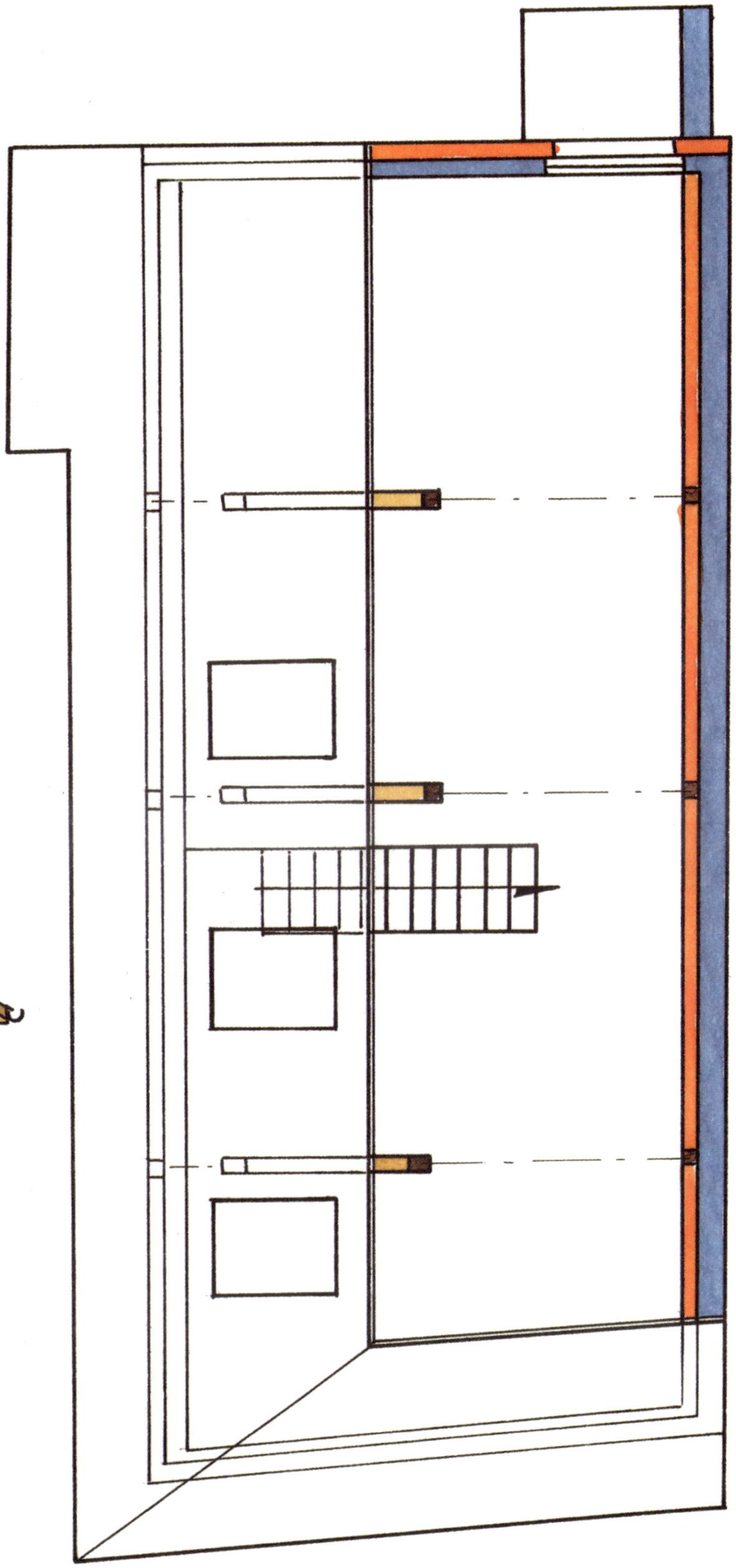

Vue en coupe sur l'étage et les combles

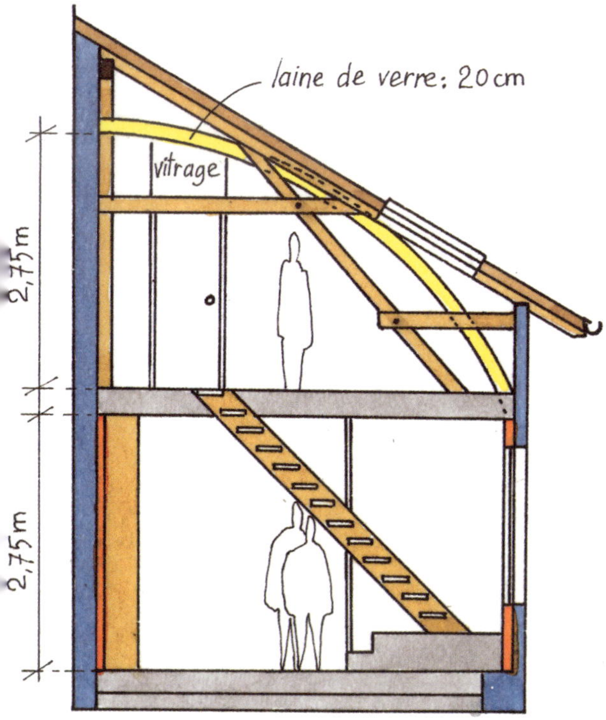

↑

←

Création d'un espace bureau au niveau 1. L'escalier métallique sert de séparation entre la zone accueil et la zone réunion.

↑ *Gros plan sur la charpente apparente et sur la création d'une fenêtre de toit dans le cintre.*

→ *Vue générale sur les zones bureaux situées de part et d'autre de la trémie d'escalier.*

LES COMBLES À 45° AVEC LEUR ÉTAGE INFÉRIEUR

Voici encore **l'aménagement de combles simultanément avec l'étage qui est juste en dessous**.

Les dimensions intérieures de l'étage sont de 5,40 m de large sur 9 m de long (voir plan page 119). L'escalier qui y accède forme un angle droit et est situé dans un des angles du bâtiment. Aucun élément ne vient contraindre l'espace car la dalle est portée sur toute la largeur du bâtiment. L'étage d'une hauteur sous-poutre de 2,50 m est éclairé par trois fenêtres et les combles dont la hauteur sous le faîte est de 3,05 m permettent d'aménager un niveau.

La pente du toit est de 45° et la structure de la charpente est telle qu'elle libère le sol de toutes contraintes.

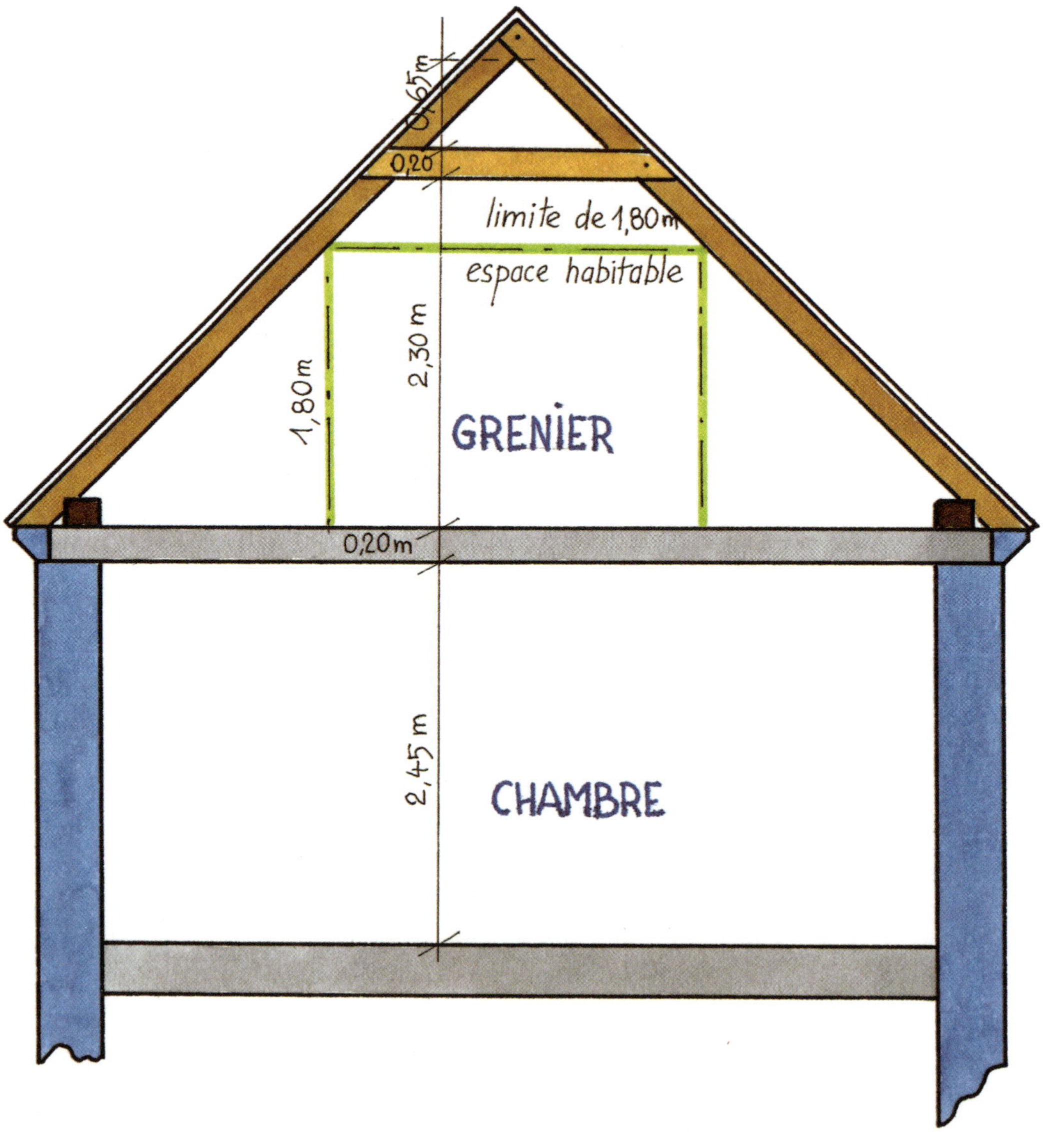

Figure 2

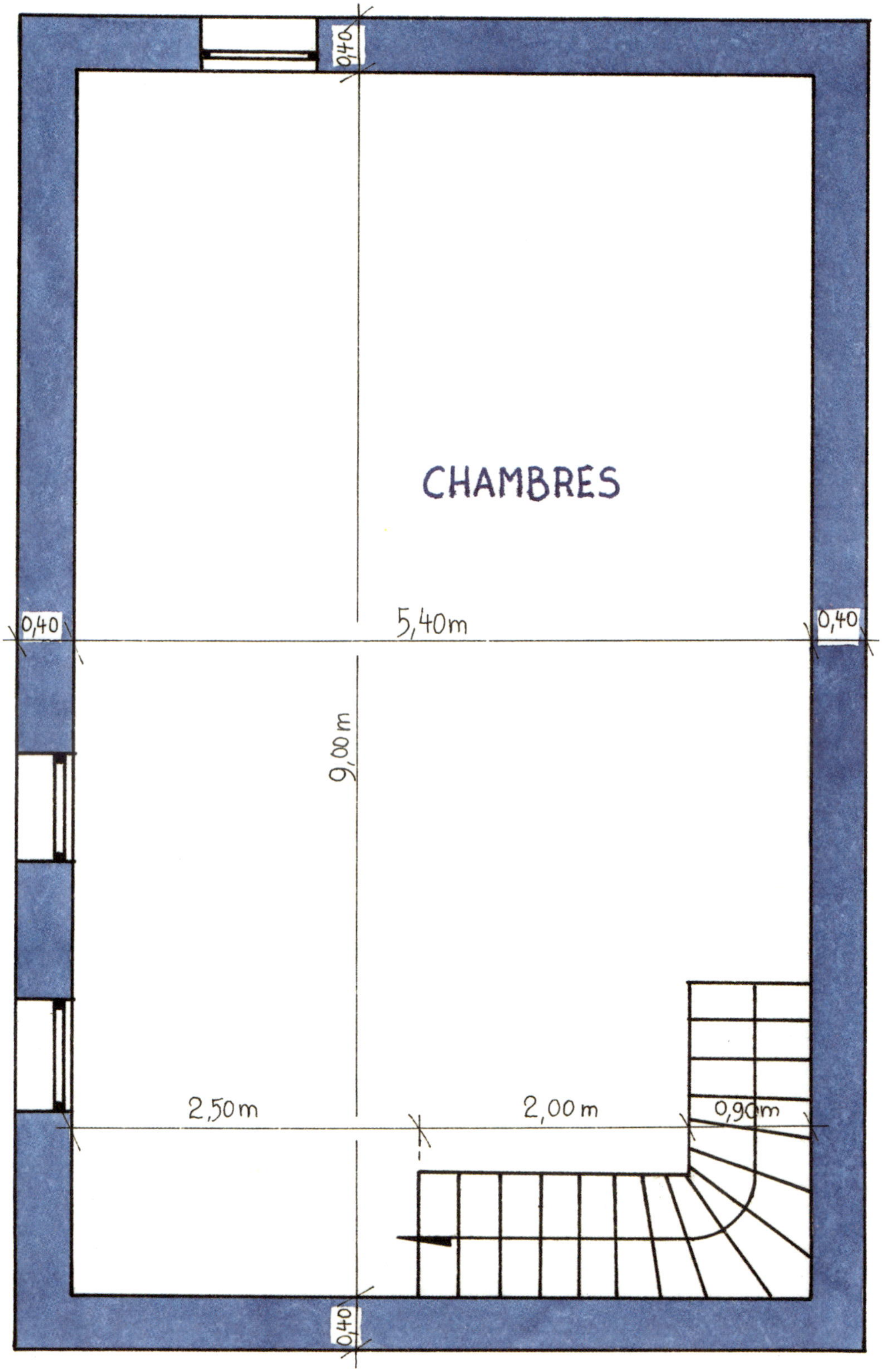

Figure 1

TRANSFORMATION DE L'ÉTAGE ET DES COMBLES EN UNE SALLE DE JEUX, UN BUREAU ET UNE CHAMBRE

Dans cette transformation, **l'idée a été de créer trois espaces bien différenciés en ne construisant qu'un seul mur et un escalier**. C'est en traitant le mur à construire **en une paroi cintrée** que le but a été atteint. Dans ce type de transformation, **il faut garder à l'esprit la destination future de l'espace**. Et dans ce cas, il s'agit d'en faire une salle de jeux, un bureau et une chambre, c'est-à-dire un lieu servant à la fois de travail et de détente.

Une paroi cintrée de 15 cm d'épaisseur formant un demi-cercle est placée à partir de la dernière marche de l'escalier existant. Son axe est perpendiculaire au mur le plus long et en est espacé de 90 cm, qui est la largeur des marches de cet escalier. De l'autre côté, la paroi cintrée se prolonge jusqu'au mur en laissant un passage d'1,60 m.

L'espace qui vient d'être construit à l'intérieur de ce demi-cercle est utilisé comme bureau. Le long du mur où se trouvent deux fenêtres existantes, **on a aménagé un grand plateau de travail qui remplit tout l'espace et qui sert de bureau**. Sous ce grand plateau des casiers ont été fabriqués pour permettre de ranger tout le matériel nécessaire. Dans le demi-cercle de 3,90 m de diamètre que fait la paroi, **on a installé une bibliothèque** en construisant des étagères qui s'appuient sur ce mur courbe et qui sont soutenues à l'aide de montants verticaux disposés en plan tous les 45°.

En sortant de cet espace de travail, on arrive dans **un autre espace qui s'ouvre sur les deux niveaux** restants et où l'**on découvre totalement la paroi cintrée qui est mise en valeur par le contraste que fait la courbe avec la ligne oblique des rampants**. La fenêtre qui se situe dans cet espace a été élargie et prolongée vers le haut jusque dans la pointe du pignon et une autre fenêtre d'1 m de large sur 1,05 m de haut a été ajoutée.

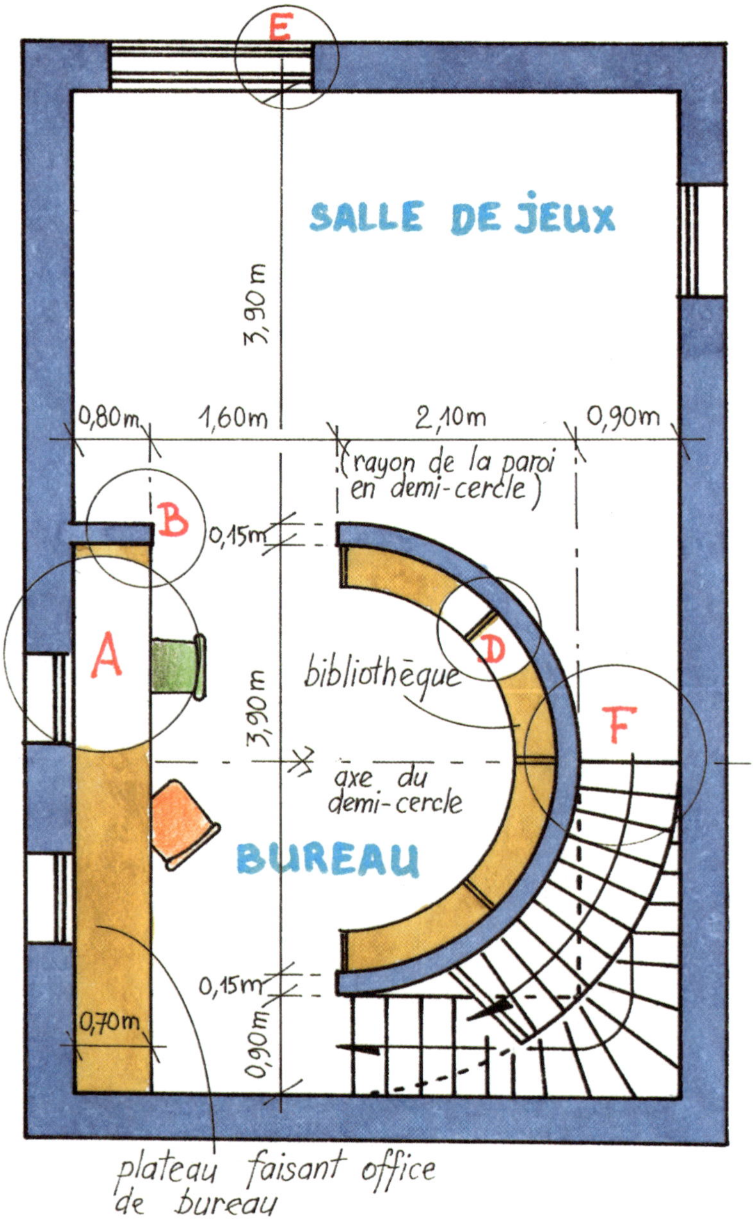

Figure 3

L'escalier qui permet d'accéder à l'étage en mezzanine **se trouve caché derrière la courbe**. En se plaçant presqu'au-dessus de celui existant, il se développe sur un quart de cercle avec 15 marches de 16,9 cm (figure 6 page 125). Ainsi, on est guidé par la courbe qui nous amène dans les combles pour découvrir l'espace sous un autre angle de vue.

La mezzanine consiste en un plateau qui reprend la forme en demi-cercle du mur du bureau. La partie courbe est détachée des murs de façon à ce que son extrémité ait une distance minimum par rapport au rampant d'1,15 m. À cet endroit, on a placé **une fenêtre de toit basculante qui permet d'apporter de la lumière à l'escalier** en quart de cercle. De l'autre côté, la dalle s'accroche au mur de façade et on a construit un pied-droit de 80 cm de haut sur toute la longueur de la mezzanine et contre lequel le lit est adossé. **Une lucarne est ajoutée au-dessus du lit**. Elle est constituée de trois battans de 80 cm de large et une petite tabletttе qui vient terminer le pied-droit est aménagée à l'intérieur.

A. Un grand plateau sert de bureau. L'espace en dessous est aménagé avec des casiers.

B. Le mur qui termine le bureau est monté jusqu'au-dessus de la mezzanine et est aligné sur le pied-droit pour renforcer l'idée de la boîte formée par la paroi cintrée.

C. La lucarne large et confortable est placée au-dessus du lit pour faciliter son accès. Le pied-droit est terminé par une tablette.

D. Dans la partie intérieure du mur courbe, une bibliothèque est construite. Elle consiste en de larges plateaux horizontaux en forme de demi-cercle supportés par 5 montants verticaux disposés tous les 45°.

E. La fenêtre existante est élargie et monte sur les deux niveaux du pignon.

F. L'escalier démarre dans l'axe du demi-cercle. Il est guidé par la courbe et se développe sur un quart de cercle (figure 6 page 125). Dissimulé derrière le mur dans une sorte de faille, il donne un statut plus privé à la mezzanine.

G. À l'extrémité de la courbe, la hauteur jusqu'au rampant est d'1,15 m. Le garde-corps passe juste en dessous du rampant. Il souligne la courbe de la dalle.

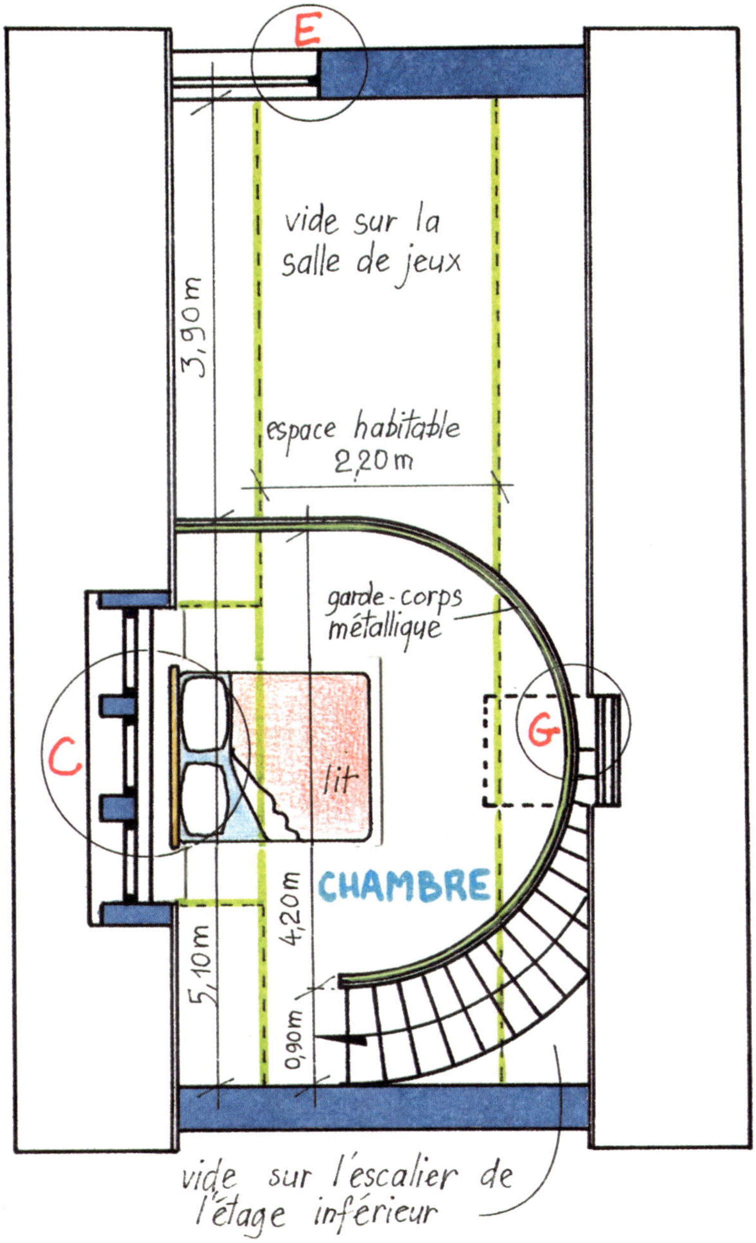

Figure 4

H. La fenêtre de toit basculante reste accessible. Elle apporte de la lumière à la cage de l'escalier.

I. Un plafond d'1,30 m de large habille les éléments de charpente et se prolonge au niveau de la lucarne.

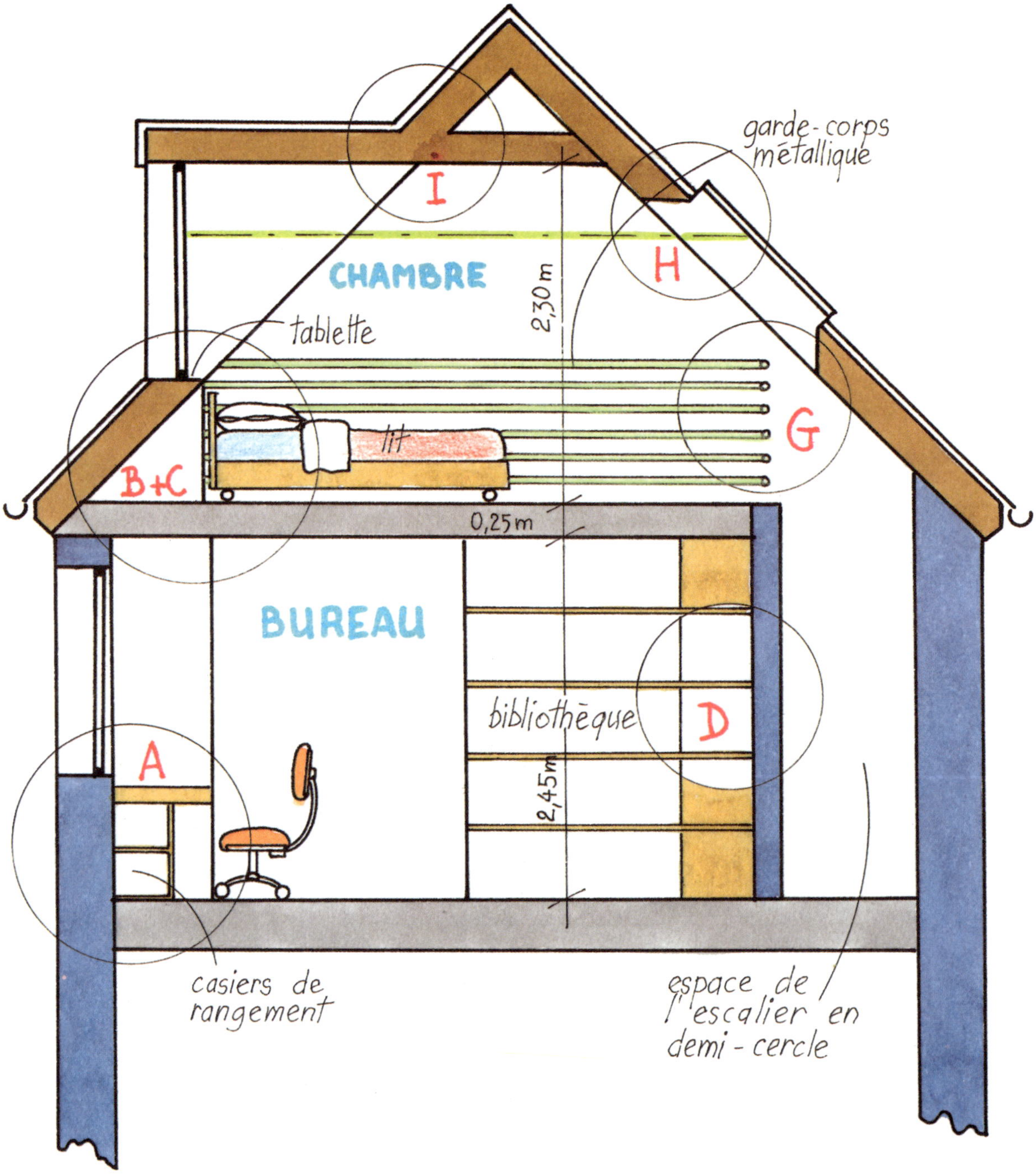

Figure 5

Conception de l'escalier en quart de cercle

Vue de plan

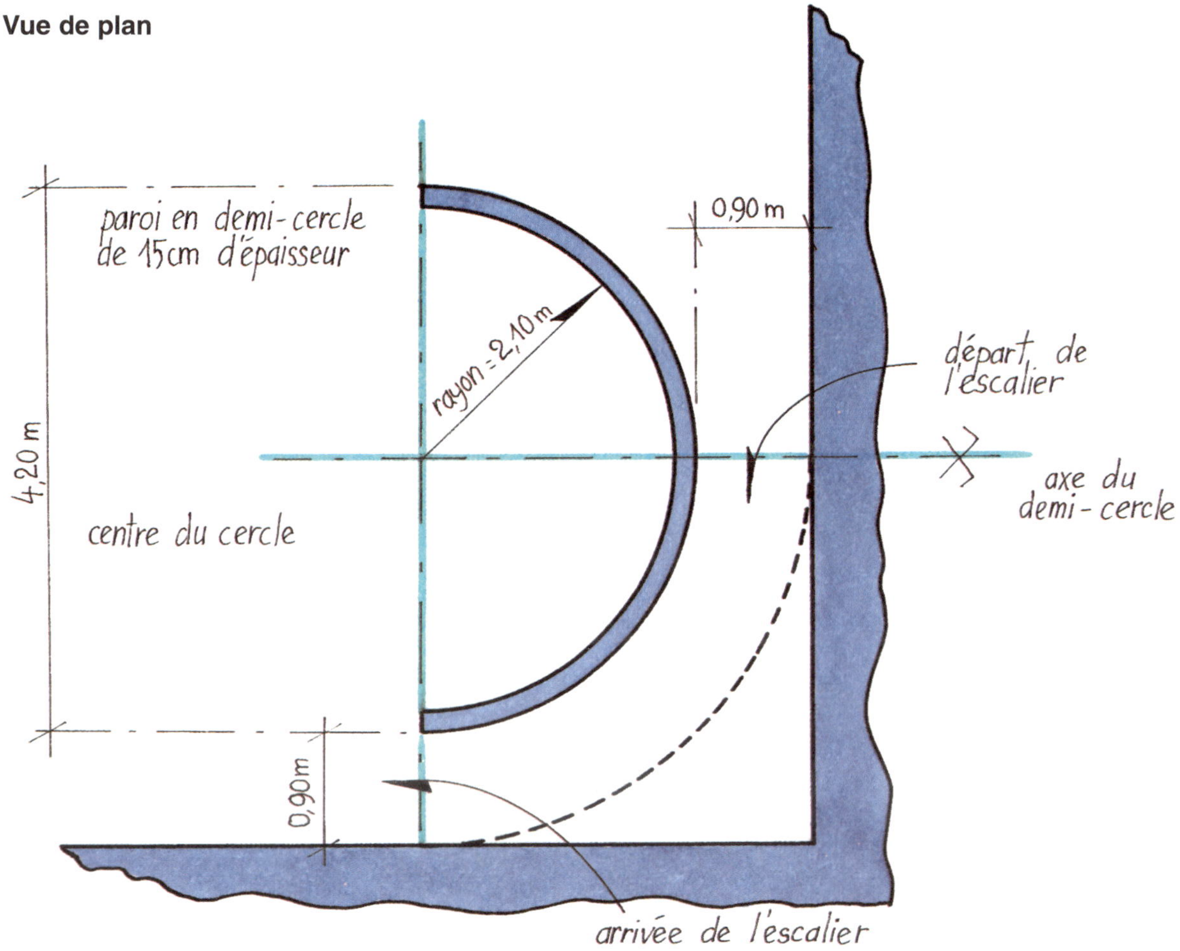

Vue en coupe

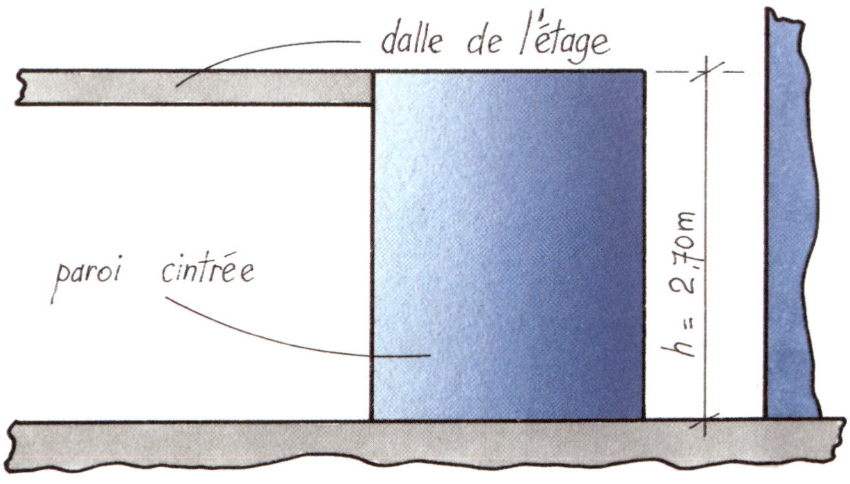

Calcul de la hauteur et du giron des marches

L'escalier doit s'inscrire dans un quart de cercle. La hauteur **h**. à franchir pour atteindre le niveau supérieur est de 2,70 m. Si on divise **h**. par 16, on obtient une hauteur de marche de :

h. / 16 = 2,7 / 16 = 0,16875 m.

L'escalier est fait de 15 marches (voir page 99) d'une hauteur moyenne de 16,9 cm.

Le giron, qui est la largeur d'une marche, doit avoir une distance d'au moins 25 cm pour être confortable. Si cette mesure est inférieure à 25 cm, on s'arrange alors pour décaler la contremarche ou ne pas en mettre du tout.

Dans notre exemple, il faut vérifier la distance du giron.

1 — On calcule la longueur de la volée de l'escalier à partir du milieu des marches parce que c'est au milieu qu'on circule.

L'escalier forme un quart de cercle dont le rayon intérieur est 2,10 m. La mesure du milieu d'une marche est de 90 / 2 = 45 cm.

Le rayon de la volée est alors :

R = 2,10 + 0,45 = 2,55 m.

Pour trouver la longueur de la volée, on a besoin de la règle de mathématique suivante :

$$\mathbf{d = R \times \alpha}$$

où : d = la mesure de l'arc de cercle
R = le rayon du cercle
α = l'angle que fait l'arc de cercle en radian (180 degrés = 3,1416 radian).

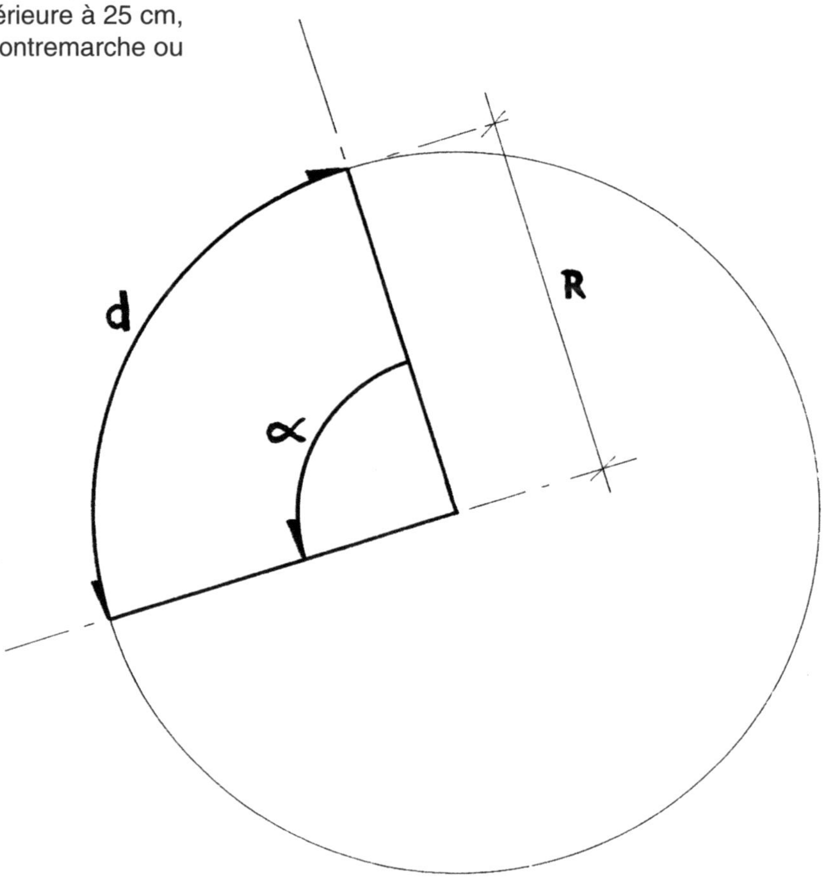

Dans notre exemple, l'angle α fait 90°, ce qui fait en radian : α = 1,57 rad.

En utilisant la règle énoncée précédemment, on trouve la mesure de la volée :

d = 2,55 x 1,57 = 4,005 m.

2 — Le nombre de marches étant de 15, chacune à un giron moyen de :

4,005 / 15 = 26,7 cm.

L'escalier est fait de 15 marches dont la hauteur est de 16,9 cm et le giron moyen de 26,7 cm.

L'escalier est fait de 15 marches dont la hauteur est de 16,9 cm et le giron moyen de 26,7 cm.

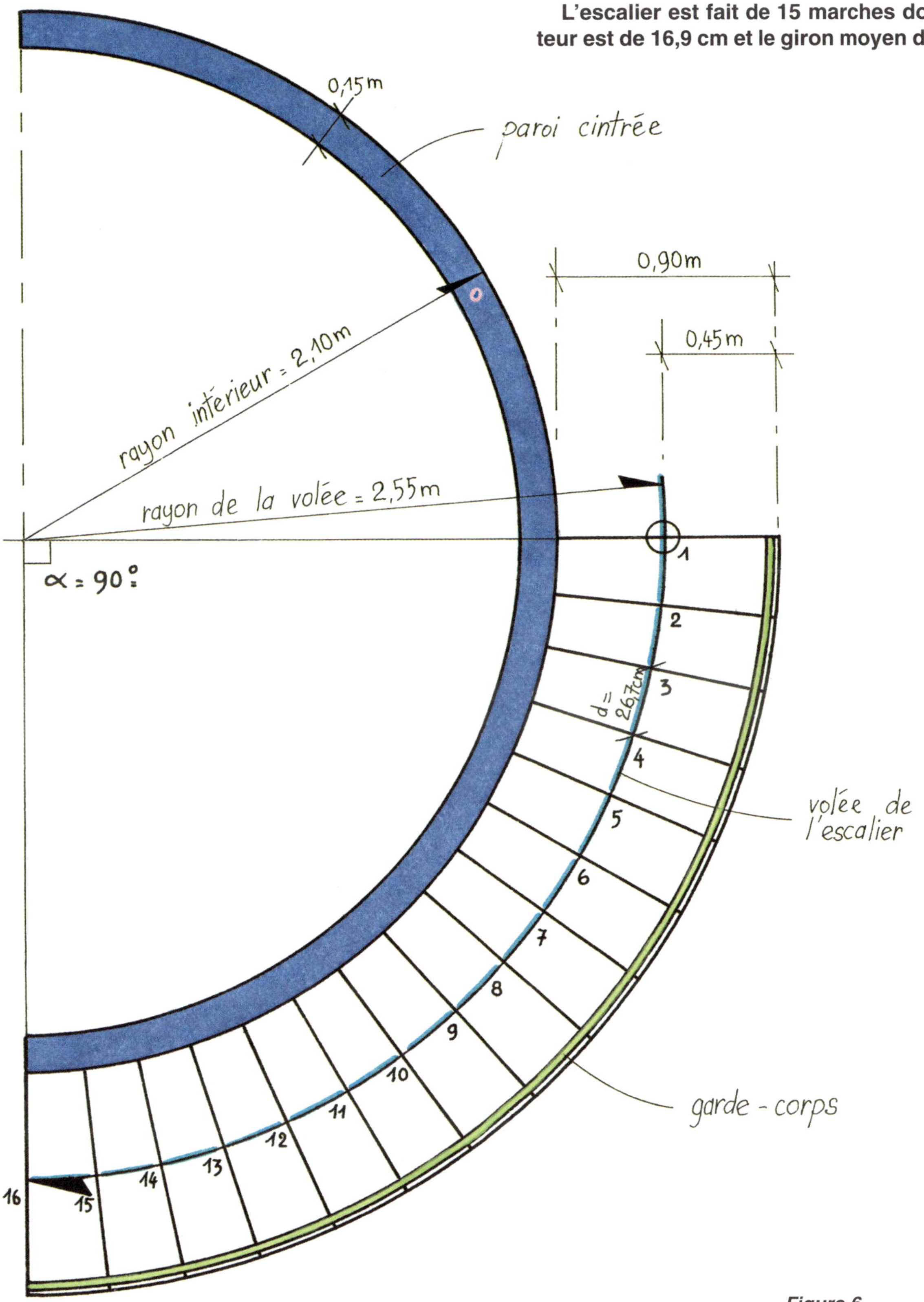

Figure 6

Vue perspective depuis la salle de jeux sur la paroi cintrée

La chambre en mezzanine est un espace plus intime et le bureau est isolé.

LES COMBLES À 54° SUR DEUX NIVEAUX

Dans ce dernier exemple, **l'aménagement concerne les combles d'un bâtiment situé dans le centre historique d'une petite ville**. Les façades doivent respecter le cadre de l'environnement et sont soumises à certaines règles. Ainsi **il n'est pas autorisé de placer des fenêtres de toit baculantes, ni des ouvertures trop exagérées**.

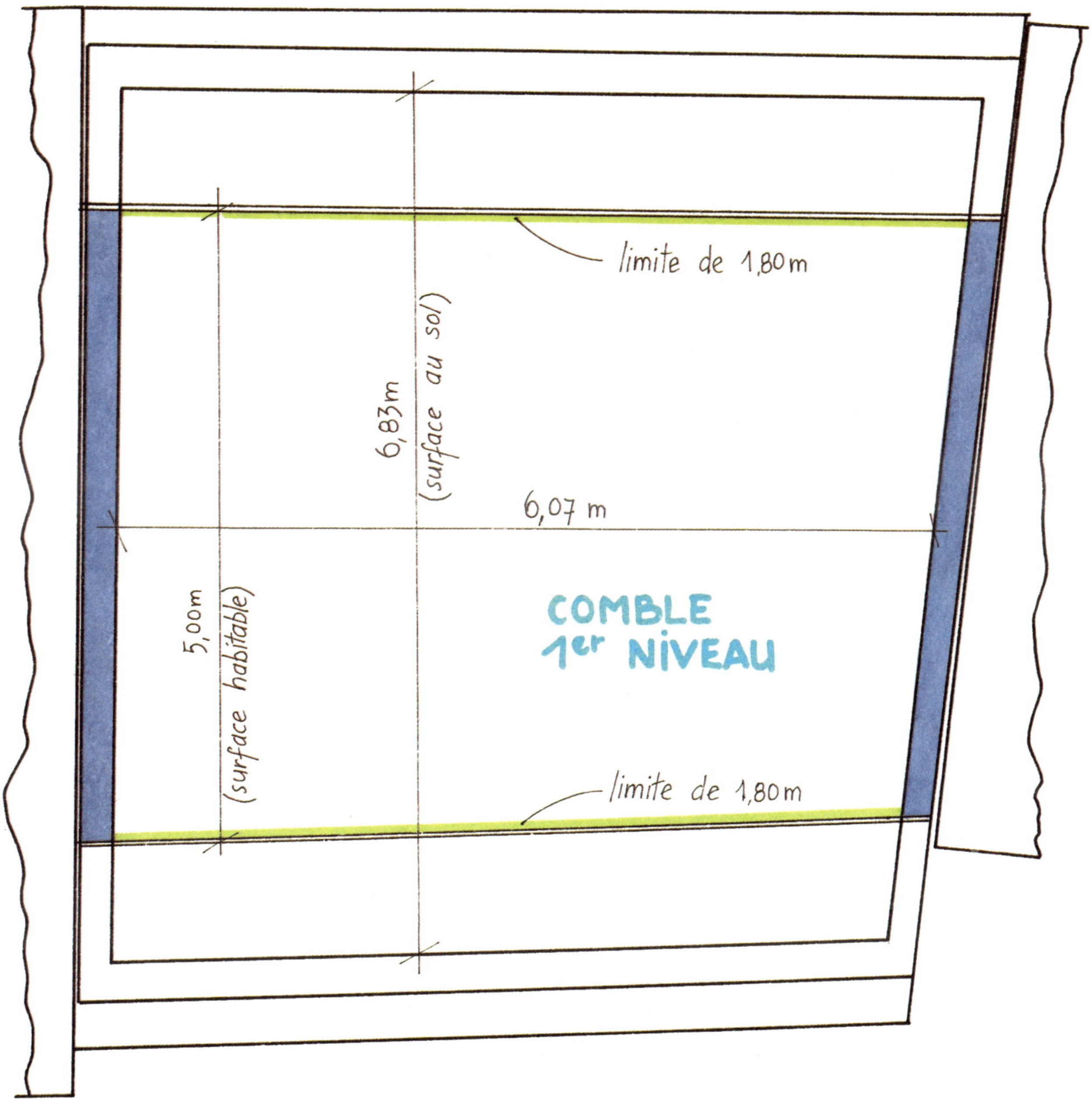

Figure 1

Les combles dont la pente du toit est de 54° sont constitués de deux niveaux. **On y accède par un escalier à vis assez grand**. **Ses pignons sont aveugles et sont accolés chacun à un autre bâtiment**. Comme il arrive souvent dans ce type de maison, les murs n'ont **pas toujours un angle droit**, mais cela en fait tout leur charme. La largeur moyenne du premier niveau est de 6,83 m, et sa longueur 6,07 m.

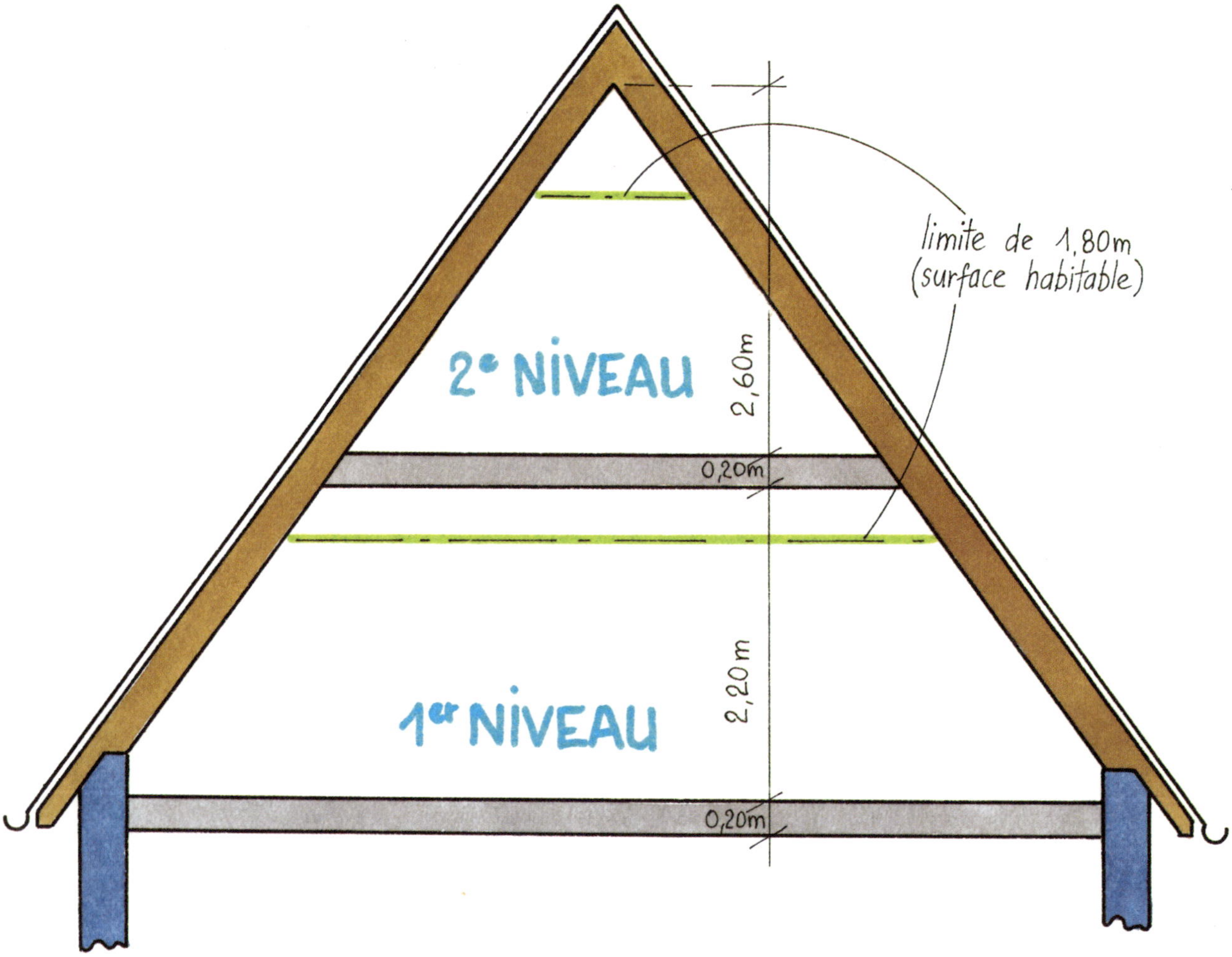

Figure 3

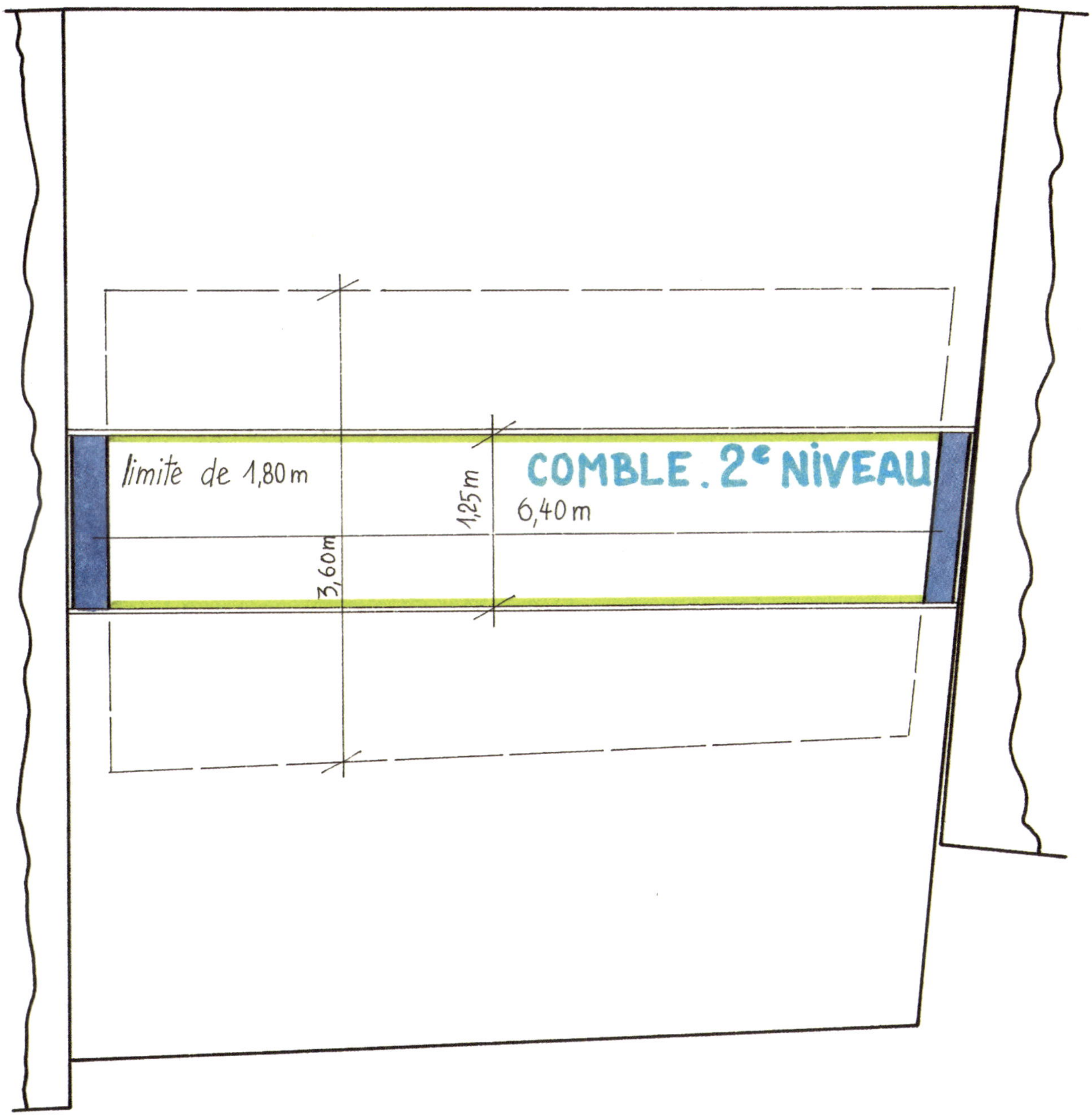

Figure 2

AMÉNAGEMENT D'UN APPARTEMENT DE 2 PIÈCES EN DUPLEX

Notre but dans cet aménagement est de **faire de ces combles un appartement de deux pièces en duplex**. Les deux étages sous le toit nous en donnent naturellement la disposition : le séjour au premier niveau et la chambre au deuxième.

L'escalier principal est placé **contre une façade et centré. Une lucarne** vient augmenter la hauteur **sous le rampant et le rendre pratiquable**. Pour ne pas perdre de place, la porte d'entrée se trouve sur la dernière marche et on entre directement dans l'appartement, **sans palier intermédiaire**. L'espace s'ouvre alors généreusement sur tout le niveau.

La cuisine est rejetée contre un pignon. Elle est réduite à **une kitchenette** et n'est pas **séparée** du séjour, elle en fait partie.

La salle de bains, quant à elle, est installée à cet étage, dans l'espace situé entre la cuisine et le mur de la cage d'escalier. Un pied-droit d'environ 1,20 m permet de mettre **le WC sous le rampant** et **une douche de 80 x 80 cm** prend place juste à **la limite** de la hauteur **de l'espace habitable**. Le lavabo est dans l'angle que forme le mur du pignon avec la cloison qui sépare la salle de bains et la cuisine. Le fait que la cuisine et la salle de bains soit regroupées, voire l'une au-dessus de l'autre, permet

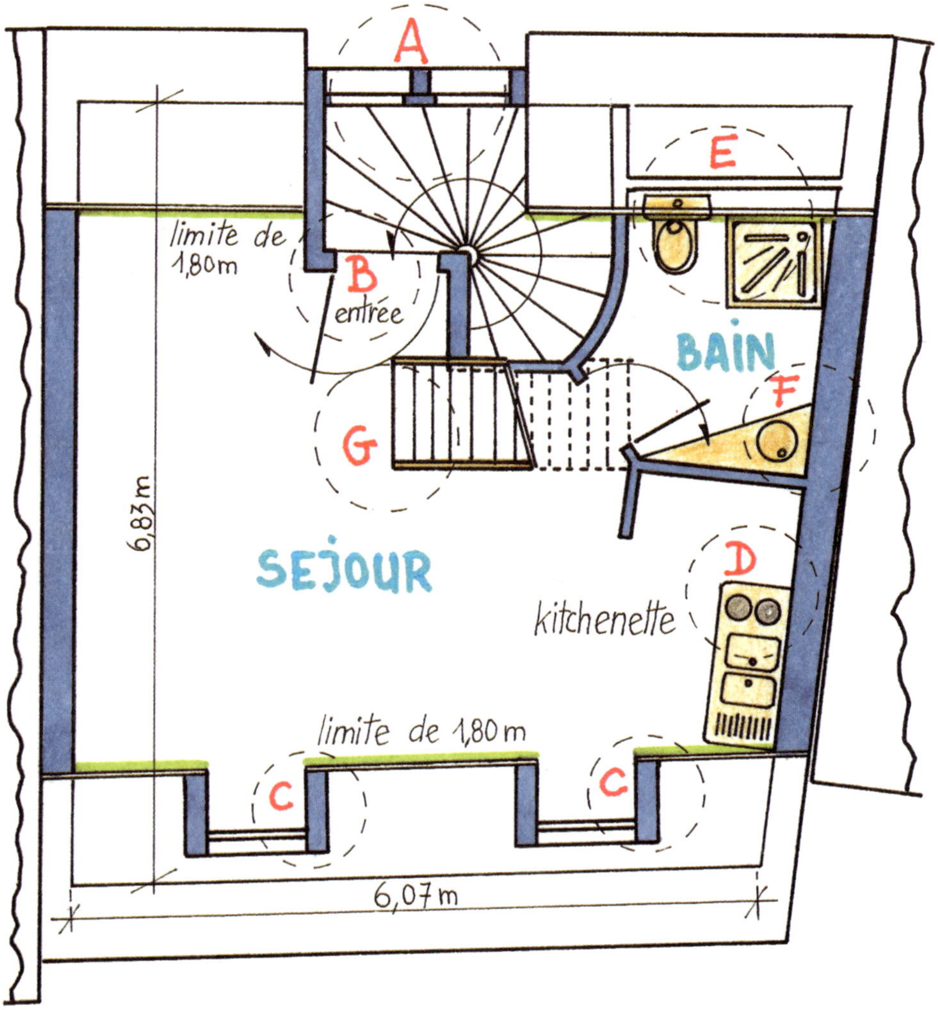

A. Une lucarne ayant deux fenêtres éclaire la cage d'escalier et permet d'avoir une hauteur suffisante pour y circuler.

B. La porte d'entrée est sur la dernière marche de l'escalier, sans palier et on accède directement dans le séjour.

C. Deux lucarnes identiques éclairent l'espace principal (séjour avec cuisine).

D. La cuisine est réduite à une kitchenette. Le rampant est laissé libre.

E. Le WC et la douche sont placés contre un pied-droit, sous le rampant, en tenant compte de la hauteur nécessaire à une bonne pratique.

PLAN DU PREMIER NIVEAU

de simplifier la mise en œuvre des installations sanitaires.

L'éclairage du séjour et de la cuisine se fait avec **deux lucarnes identiques** situées sur la façade opposée à l'entrée. Par contre, la salle de bains ne bénéficie pas d'une lumière naturelle. **Créer une lucarne** aurait **surchargé la façade**, fait **perdre de l'espace aménageable** et il n'était **pas autorisé** d'installer une fenêtre de toit basculante. Dans l'aménagement des combles, il arrive souvent que l'on doive faire **des choix au détriment d'un certain confort**. Dans notre exemple, les lucarnes que l'on pouvait placer devaient servir à l'éclairage de la pièce principale, et non pas à celui d'une pièce secondaire comme la salle de bains.

Le deuxième niveau des combles **est utilisé comme chambre**. L'espace habitable y est étroit, **1,25** x 6,40 m (8 m²), alors que la surface au sol est de **3,60** x 6,40 m (23,04 m²).

Pour profiter un peu plus de cette surface exploitable, **trois petites lucarnes**, deux sur une façade et une sur l'autre, **sont construites**.

Le problème majeur de ces combles **était l'escalier** qui devait relier les deux étages, **la dernière marche devant impérativement être située dans l'espace habitable** de la chambre pour ne pas être gêné par le rampant, c'est **un escalier à vis qui a été choisi**.

F. Un meuble astucieux reçoit le lavabo qui est placé dans un angle de la salle de bains pour ne pas perdre de place.

G. L'escalier du type « échelle de meunier » est composé de 13 marches de 18 cm de hauteur, 80 cm de large et de 18 cm de giron. On a supprimé les contremarches pour augmenter la mesure du giron.

H. La trémie est calculée pour ne pas gêner la circulation dans la chambre et perdre le moins de surface habitable possible.

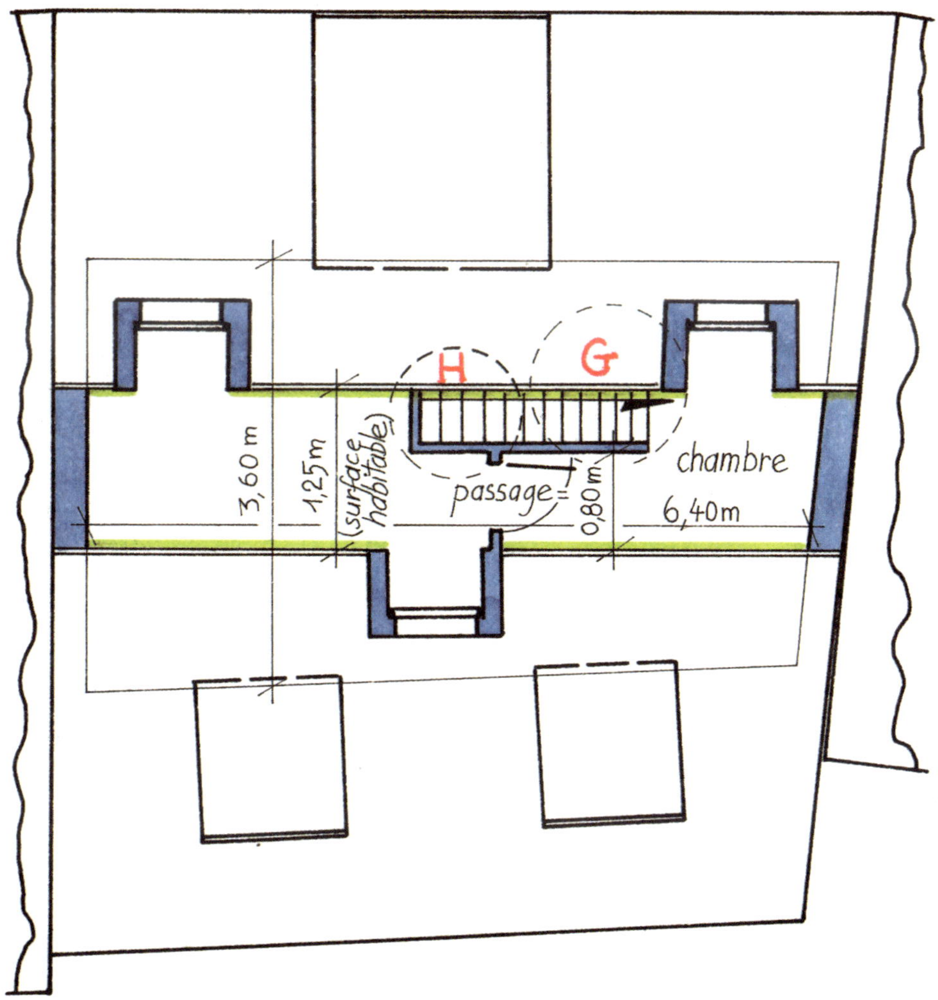

PLAN DU DEUXIÈME NIVEAU

Le fût central est à côté de la porte de la salle de bains, axé sur la limite des 1,80 m du deuxième niveau. Il se déroule vers l'entrée de l'appartement et passe au-dessus de la cage de l'escalier principal.

Dans la chambre, le trémie (l'ouverture dans la dalle qui permet l'implantation de l'escalier) **est calculée pour conserver une bonne circulation**.

La position de cet escalier masque un peu la porte de la salle de bains.

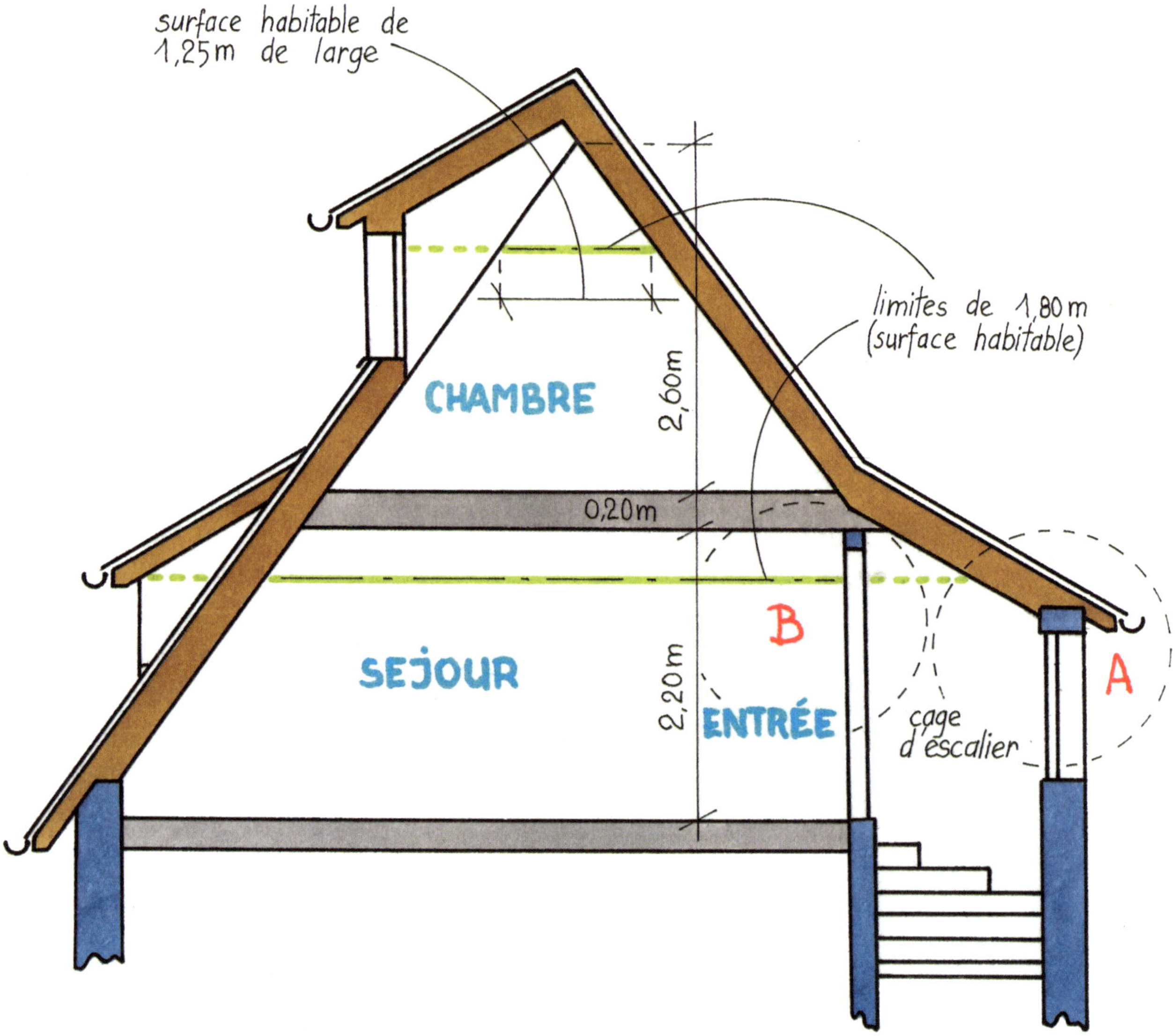

COUPE DE PRINCIPE SUR LE DUPLEX

1. *Vue d'ensemble sur l'accès aux combles 2, la salle de bains (en partie masquée par l'échelle de meunier) et le coin cuisine.*

2. *Le coin cuisine et sa lucarne.*

3. *L'échelle de meunier qui donne accès aux combles.*

1.

2.

3.

1. Vue de part et d'autre de la trémie de l'échelle de meunier donnant accès aux combles 2.

2. Arrivée de l'échelle de meunier aux combles 2.

3. Enfilade des combles du niveau 2.

1.

2.

3.

Reconstruction d'une habitation traditionnelle dans le centre d'un village historique avec création de chiens-assis.

ANNEXE

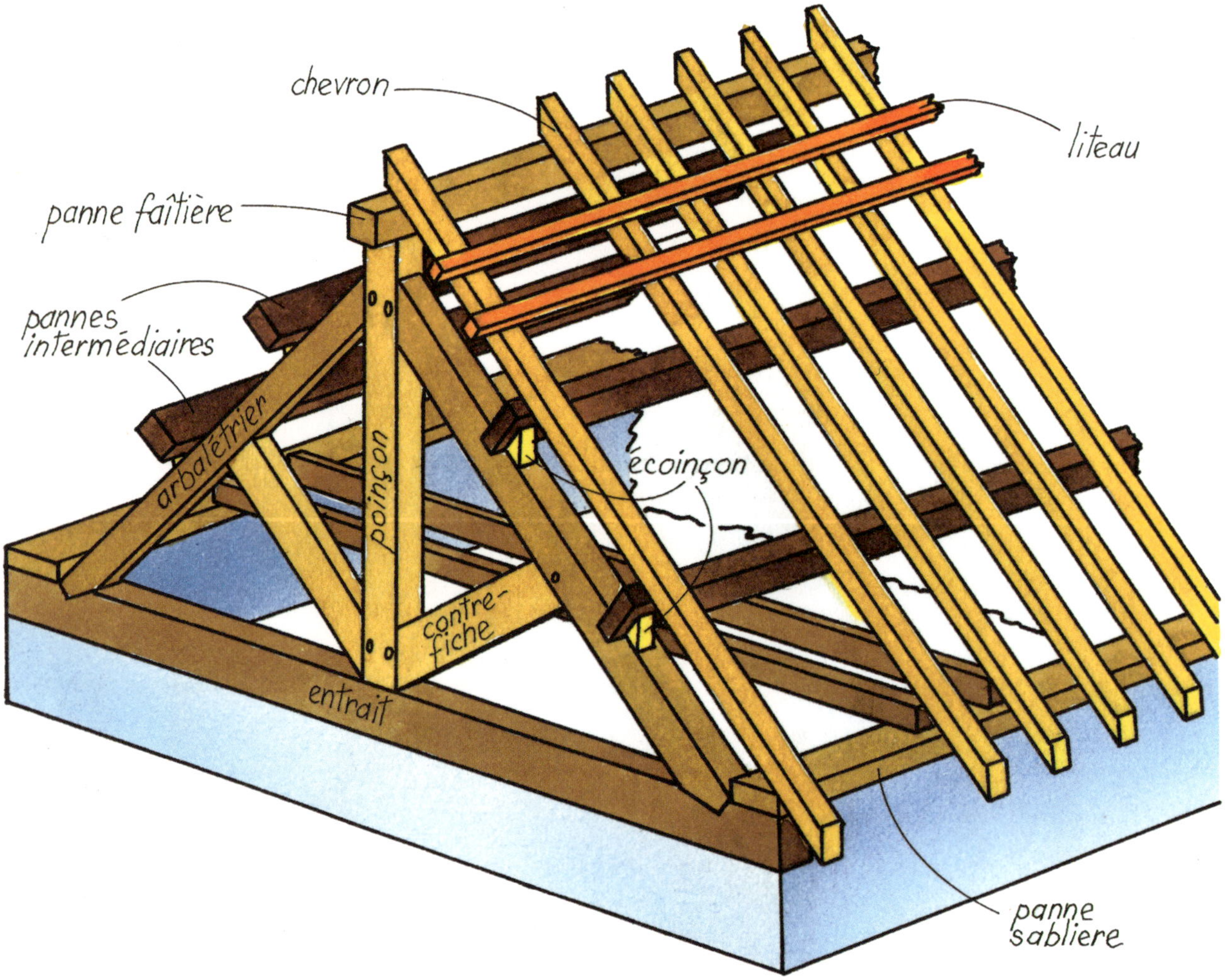

Charpente avec ferme classique.

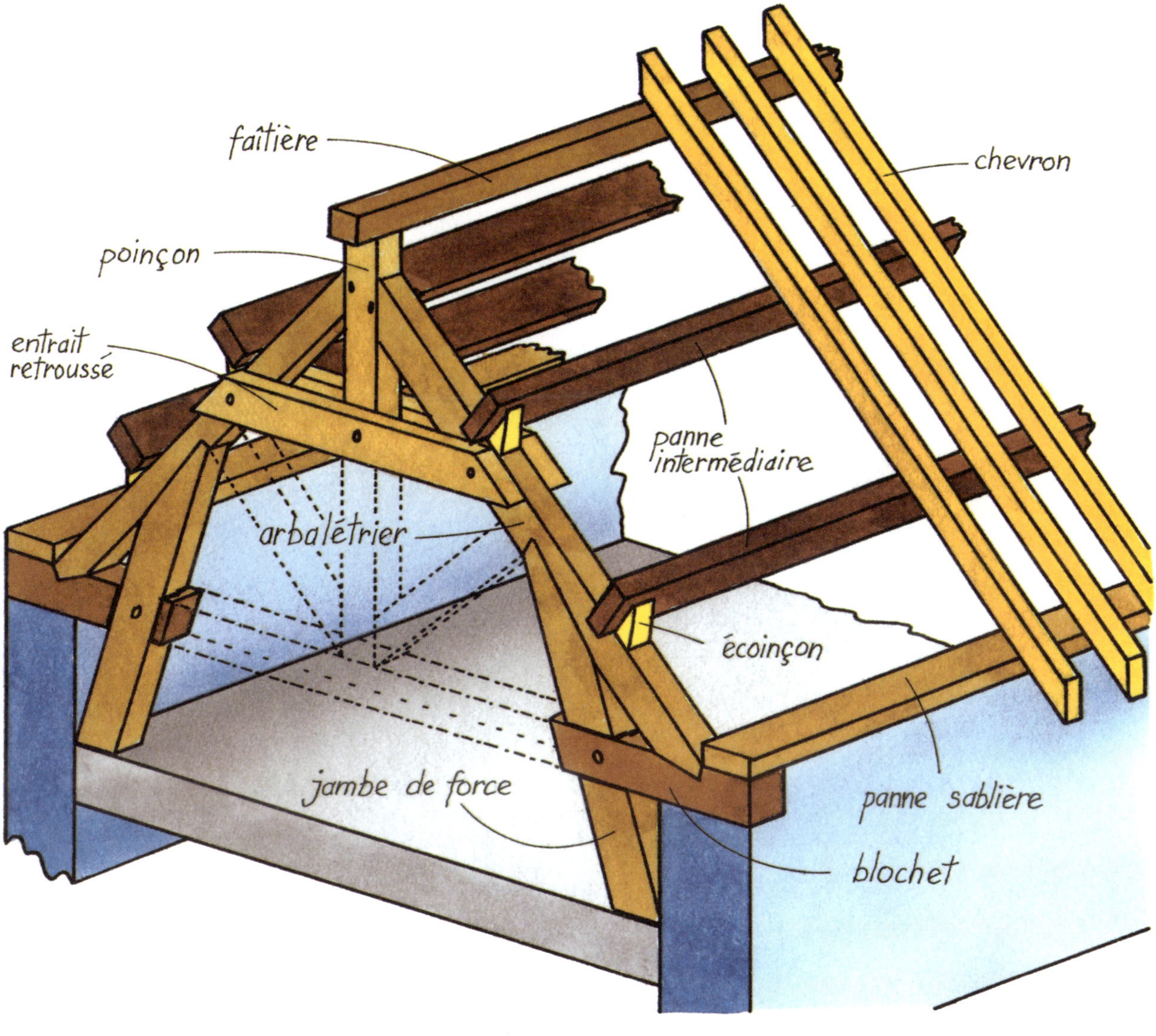

Type de charpente permettant l'aménagement des combles, une ferme classique peut être transformée ainsi.

Reproduction (réduite) du formulaire d'une déclaration de travaux exemptés de permis de construire

MINISTÈRE DE L'ÉQUIPEMENT ET DU LOGEMENT

DÉCLARATION DE TRAVAUX EXEMPTÉS DE PERMIS DE CONSTRUIRE OU DÉCLARATION DE CLÔTURE

POUR QUELS TRAVAUX UTILISER CE FORMULAIRE ?

Ce formulaire ne doit être utilisé que si vous voulez réaliser :

– soit l'un des TRAVAUX de faible importance dont la LISTE figure à la rubrique 3.2 du formulaire, précisée ci-dessous.

– soit une CLÔTURE.

ATTENTION : Si vous voulez construire une maison individuelle ou plus de 20 m² de surface hors œuvre brute (voir définition à la rubrique 3.3 ci-dessous), utilisez soit la demande de PERMIS DE CONSTRUIRE UNE MAISON INDIVIDUELLE (PC 157), soit la demande de PERMIS DE CONSTRUIRE (PC 158).

COMMENT REMPLIR CE FORMULAIRE ?

Le présent formulaire est une liasse autocopiante en CINQ exemplaires. Remplissez le premier feuillet avec un stylo à bille noir en appuyant très fort, sur une surface dure. Détachez et conservez le dernier feuillet, qui vous est destiné.

RENSEIGNEMENTS PARTICULIERS A CERTAINES RUBRIQUES

Rubrique 1 : le DÉCLARANT est la personne qui engage pour son compte les travaux (propriétaire ou personne justifiant d'un titre l'habilitant à réaliser les travaux).

Rubrique 2 : le TERRAIN est l'îlot de propriété constitué par la parcelle ou par l'ensemble des parcelles contiguës appartenant à un même propriétaire ou à une même indivision.

Rubrique 32 :

rubrique 321 : sont concernées notamment les modifications de toiture, les vitrines, les devantures, les ouvertures de fenêtre.

rubrique 322 : sont concernés par exemple les poteaux ou les pylônes de plus de 12 m de hauteur, les murs de plus de 2 m de hauteur, les piscines, etc...

rubrique 323 : sont concernées notamment l'adjonction d'un balcon, la création d'une pièce d'habitation supplémentaire, d'un abri de jardin, d'un garage, d'un atelier de bricolage, d'une cage d'ascenseur extérieure etc... d'une superficie ne dépassant pas 20 m² de S.H.O.B. (voir définition ci-après).

rubrique 324 : dans ce cas se reporter à la notice spéciale concernant les ouvrages publics exemptés de permis de construire, disponible dans les D.D.E.

rubrique 325 : la déclaration ne tient pas lieu de la demande d'autorisation exigée au titre de l'article 9 de la loi du 31 décembre 1913 sur les monuments historiques, à adresser au Directeur régional des affaires culturelles.

rubrique 326 : les « habitations légères de loisirs » (H.L.L.) sont des constructions sans fondations, démontables ou transportables, destinées à une occupation temporaire et implantées exclusivement dans un cadre collectif. Si votre H.L.L. crée plus de 35 m², vous devez demander un permis de construire.

rubrique 327 : il s'agit des clôtures visées à l'article L. 441-1 du code de l'urbanisme.

Rubrique 33 :

Ces renseignements sont nécessaires pour vérifier le respect des règles de densité et pour calculer les taxes et contributions dont vous êtes susceptible d'être redevable.

– **la surface hors œuvre brute** (S.H.O.B.) d'une construction est égale à la somme des surfaces de plancher de chaque niveau de la construction, calculée à partir du nu extérieur des murs de façade, y compris les combles et les sous-sols non aménageables, les balcons, les loggias, les toitures-terrasses accessibles,

– **la surface hors œuvre nette** (S.H.O.N.) est obtenue après déduction de la surface des combles et sous-sols non aménageables, des surfaces non closes, des surfaces de stationnement, des surfaces des bâtiments à usage agricole, des serres de production...

Reproduction (réduite) du formulaire d'une demande de permis de construire

cerfa
N° 46-0399

MINISTÈRE DE L'ÉQUIPEMENT,
DES TRANSPORTS ET DU TOURISME

DEMANDE DE PERMIS DE CONSTRUIRE

(Article R 421 - 1 - 1 du code de l'urbanisme)

CE FORMULAIRE PEUT ÊTRE UTILISÉ POUR TOUTE DEMANDE DE PERMIS DE CONSTRUIRE :

Toutefois, il est recommandé d'utiliser un formulaire plus adapté dans les cas suivants :
Pour une demande de permis de construire :

— une maison individuelle .... PC 157
— modificatif .... PC 158 *bis*
— une ligne d'énergie électrique .... PC 159

N.B. : Lorsque les travaux projetés comportent une clôture soumise à la déclaration prévue à l'article L. 441 - 2 du code de l'urbanisme, la demande de permis de construire tient lieu de cette déclaration.

REMPLISSEZ CE FORMULAIRE A LA MAIN OU A LA MACHINE A ÉCRIRE :

A LA MAIN : écrire les noms propres en lettres capitales et utiliser de préférence un stylo à encre noire.

A LA MACHINE A ÉCRIRE : régler la machine pour un interligne simple (1/6e pouce).

TRANSMETTEZ VOTRE DEMANDE COMPLÈTE A LA MAIRIE DE LA COMMUNE OÙ SE SITUE LE TERRAIN :

QUATRE EXEMPLAIRES (*) de l'imprimé, du projet et des pièces complémentaires éventuelles doivent être :

— soit DÉPOSÉS A LA MAIRIE contre décharge ;
— soit ENVOYÉS AU MAIRE par pli recommandé avec demande d'avis de réception postal.

(*) Un ou plusieurs exemplaires SUPPLÉMENTAIRES pourront être demandés si l'instruction du dossier nécessite la consultation de plusieurs administrations (article R. 421-8 du code de l'urbanisme).

RECOMMANDATIONS :

Le permis de construire est une autorisation administrative délivrée **sous réserve du droit des tiers.** Il est donc recommandé au demandeur de s'assurer, indépendamment de sa demande, que son projet de construction respecte bien les droits privés éventuels des tiers intéressés.

Il peut s'agir notamment de servitudes de droit privé telles que les servitudes de vue, d'ensoleillement, de mitoyenneté ou de passage; pour un projet situé dans un lotissement, il peut également s'agir des règles figurant au cahier des charges du lotissement.

Il est également recommandé au demandeur :

— de s'informer auprès des services compétents des règles concernant plus particulièrement la protection de l'environnement, l'hygiène et la sécurité du travail, la sécurité et la santé publiques dont le respect relève de sa propre responsabilité;

— de s'assurer que la conception du projet permette l'usage normal de la construction dans le respect desdites règles.

La présente recommandation vise notamment les projets de construction à destination industrielle, commerciale, artisanale ou agricole.

Dans les 15 jours suivant le dépôt de votre demande de permis de construire en mairie, vous recevrez une lettre vous indiquant la date avant laquelle la décision doit vous être notifiée.

Si vous ne recevez ni cette lettre, ni une demande de pièces complémentaires, vous avez la possibilité de requérir l'instruction de votre demande auprès de l'autorité compétente pour délivrer le permis, par lettre recommandée avec demande d'avis de réception postal et copie au Préfet (cf. article R. 421-14 du code de l'urbanisme).

Cette démarche vous permettra de bénéficier, le cas échéant, d'un permis de construire tacite à l'issue d'un délai de deux mois (se renseigner auprès de la mairie ou de la direction départementale de l'équipement).

La loi n° 78-17 du 6 janvier 1978 relative à l'informatique, aux fichiers et aux libertés, s'applique aux réponses faites à ce formulaire par les personnes physiques. Elle garantit un droit d'accès et de rectification pour les données vous concernant auprès de la mairie ou de la direction départementale de l'équipement.

PC 158 – IMPRIMERIE NATIONALE 4 231054 O 79

GLOSSAIRE TECHNIQUE

Allège : mur situé sous une fenêtre et qui lui sert d'appui.

ANAH : Agence Nationale pour l'Amélioration de l'Habitat.

Arbalétrier : poutre oblique d'une charpente servant à porter un des pans qui forme le toit.

Axonométrie : dessin représentant une figure vue en trois dimensions.

Chevron : pièce de bois oblique sur laquelle est fixée la couverture de la charpente.

Chien-assis : lucarne placée dans une charpente et qui sort de la toiture.

Combles perdus : partie des combles non utilisable.

Contreventament : assemblage pratiqué dans une structure pour éviter sa déformation.

Coupe : dessin représentant un objet coupé verticalement.

CTBH et CTBX : marquage attribué par le Centre Technique du Bois (H ou X pour panneaux en bois de qualité résistante à l'Humidité).

CTBS : idem, mais pour panneaux destinés à un milieu sec.

Duplex : appartement sur deux niveaux.

Espace habitable : espace dans lequel une personne peut se déplacer debout sans être gênée (espace dont la hauteur est supérieure à 1,80 m).

Faîtière : poutre de charpente qui forme l'arête supérieure du toit.

Fenêtre en bandeau : fenêtres assemblées l'une à côté de l'autre dont l'ensemble forme un bandeau.

Ferme : assemblage de pièces de bois destiné à porter les éléments supérieurs de la charpente d'un toit.

Fût d'escalier : cylindre servant d'appui central aux marches d'un escalier circulaire.

Giron : largeur de la marche d'un escalier.

Hourdis : matériau en corps creux de maçonnerie, en terre cuite ou en béton, placé entre les solives ou les poutrelles du plancher.

Lattis : ensemble des lattes de bois sur lesquelles sont accrochées les tuiles.

Lucarne : petite fenêtre placée dans un toit et servant à éclairer des combles.

Montant : pièce verticale d'une structure.

Pan : chacun des côtés d'une toiture.

Panne : poutre en bois qui sert à soutenir les chevrons.

Paroi cintrée : paroi dont le profil forme un arc de cercle.

Pied-droit : rehausse verticale des murs en combles.

SHOB : surface hors œuvre brute.

Solivage : poutrelles en bois qui s'appuient sur d'autres poutres pour former un plancher.

Sous-espace : partie d'un espace.

Traverse : pièce horizontale qui sépare un élément en deux parties.

Trémie : ouverture dans une dalle pour permettre le passage d'un escalier.

Volée : partie d'un escalier qui va d'un palier à l'autre.

V.M.C. : ventilation mécanique contrôlée.

TABLE DES MATIÈRES

Remerciements

Nous tenons vivement à remercier les entreprises et sociétés citées ci-après :

— soit pour leurs précieux conseils, leur aimable participation et collaboration humaine ;
— soit pour la mise à disposition du matériel qui illustre cet ouvrage.

Entreprises
— GONZALES Emilio Plâtrerie
— HUBER et Fils Plâtrerie

Prêt de matériel
— SPIELMANN S.A.
— MONSIEUR BRICOLAGE.

Crédit photographique :
photos S.A.E.P. / Alain Thiébaut sauf pages 15 à 33 : Cédric Joubert.

Dessins :
réalisés par Benoît ROTH d'après les plans et les esquisses de Jean-Michel GRUSSY.

Dépôt légal 2e trimestre 1998
n° 2372

Imprimé en C.E.E.